Jörg Müller

Gehorsam – um jeden Preis?

Jörg Müller

Gehorsam –
um jeden
Preis?

**Weshalb Angepaßte
konfliktunfähig sind und
Eigenwillige gesünder leben**

BETULIUS

Die Deutsche Bibliothek – CIP-Einheitsaufnahme
Müller, Jörg:
Gehorsam – um jeden Preis? : weshalb Angepaßte
konfliktunfähig sind und Eigenwillige gesünder leben / Jörg
Müller. – Stuttgart : Betulius 2001
ISBN 3-89511-079-5

1   2   3   4   5   09   07   05   03   01

Einbandgestalung nach einem Entwurf von
Florian Huber, Thalhausen
Reproduktion: Pix' Unlimited, Ulf Dengler, Stuttgart
Gesamtherstellung: Clausen & Bosse, Leck

Inhalt

**Die Geschichte der Menschheit
begann mit einem Akt des Ungehorsams
und wird mit einem Akt
des Gehorsams enden.**

Erich Fromm

Ein Telefonat

»Er ist ein herzensguter, braver Mensch, leider aber unfähig, sein Leben in die Hand zu nehmen. Er traut sich einfach nichts zu. Was soll man da machen, Herr Pater?«

»Am besten nichts!«

»Aber man kann ihn doch nicht einfach so hängen lassen. Ich habe ihm schon hundertmal gesagt: Geh raus, tu was, schau dir die anderen an, wie die ihr Leben meistern.«

»Und Sie glauben, daß ihn das vom Hocker reißt?«

»Nein, das tut es eben nicht. Was kann man denn da machen? Jetzt wollte ich mich mal erkundigen, ob Sie ein Seminar anbieten, das mein Sohn mitmachen könnte.«

»Hat er Sie beauftragt, sich darum zu kümmern?«

»Nein, aber ich werde es ihm schon beibringen.«

»Und Sie meinen, er werde dann das Seminar mitmachen und anschließend sein Leben in die Hand nehmen können?«

»Ich hoffe es. Ich weiß mir keinen Rat sonst.«

»Kann es sein, daß Sie Ihrem Sohn immer schon zur Seite standen und seine Probleme für ihn lösten, weil er sie zögerlich oder gar nicht anpackte?«

»Ja, das ist richtig. Er war ja immer schon so passiv und unsicher.«

»Haben Sie einmal darüber nachgedacht, daß Sie ihn mit Ihrer Fürsorge in der Passivität belassen; er kann ja nicht lernen, sein Leben selber zu gestalten, da Sie es tun.«

»Aber Herr Doktor, ich habe es doch nur getan, weil er es nicht tat.«

»Und hat es geholfen?«

»Nein.«

»Ihr Sohn muß sein eigenes Leben führen. Er muß das Gefühl haben, frei und ohne mütterliche Beeinflussung seinen Weg zu gehen. Besser wäre es, wenn er eine eigene Wohnung hätte.«

»Das haben wir ihm schon lange vorgeschlagen. Aber auch darauf geht er nicht ein. Es scheint, als wäre für ihn ›Hotel Mama‹ die bequemste Lösung.«

So verlief ein Telefonat mit der Mutter eines 30-jährigen Sohnes, eines von vielen dieser Art. Und es ist nicht immer auszumachen, ob es die überfürsorgliche Einmischung der Mutter ist oder ob es Hormone sind, die diese Passivität erklären. Aus dem ursprünglich pflegeleichten, angepaßten, fügsamen Jungen wurde auf einmal ein lebensuntüchtiger, unsicherer Mann, der aus Angst vor Fehlentscheidungen nichts mehr entschied. Dabei hätte es auch anders ausgehen können. Nicht alle erstarren in der Obhut ihrer elterlichen Pflege; andere reißen aus und erweisen sich als scheinbar undankbare und eigenwillige Kinder. Meistens geht es gut. Manchmal nicht. Und nicht immer kennen wir die Gründe. Im vorliegenden Fall dürfen wir beruhigt sein. Der Sohn hat die Kurve gekriegt und begonnen, sein Leben zu gestalten. Aber erst nachdem die Mutter ihn wirklich in Ruhe ließ.

Es sind mehr Frauen als Männer, die angepaßt leben und leiden

Da sitzen sie nun in einer Runde: 19 Teilnehmer unserer stationären Psychotherapie. Frauen und Männer, Junge und Alte. Sie bringen unterschiedliche Probleme mit: Depressionen, psychosomatische Störungen, Partnerprobleme, religiöse und existentielle Ängste, Selbstwertstörungen, Sinnkrisen. Allen gemeinsam ist die Unfähigkeit zum Neinsagen; sie haben nie gelernt, sich durchzusetzen, Widerstand zu leisten, eigene Bedürfnisse zu artikulieren und ihre Würde zu verteidigen. Statt dessen wurde ihnen beigebracht, sich brav und angepaßt zu verhalten, möglichst nicht aufzufallen, um keine Sympathie zu verscherzen. Sie mußten stets anders sein als sie sein wollten, und jetzt wissen sie nicht mehr, wie sie eigentlich sein wollten. Sie wissen nur eines: Wenn sie aufmuckten und ihren Kopf durchsetzten, gab es Schläge, Liebesentzug, Drohungen. Um des »lieben Friedens willen«, der keiner war, haben sie still gehalten – und fürchterlich gelitten. Manche von ihnen sind seit Jahren schon in Therapie – umsonst. Sie haben sich den Mund fusselig geredet; sie wurden analysiert, medikamentiert. Jetzt bei uns werden sie provoziert, damit die alten Verhaltensmuster noch einmal bewußt werden, um sie dann zu hinterfragen und in vielen Rollenspielen zu korrigieren, um auszuprobieren, nachzufühlen, wie das ist, wenn man sich endlich wehrt und die übermächtigen Elternfiguren aus seinem Leben treibt.

»Geh aus meinem Leben«, schreit die junge Frau ihren Vater an, dessen Rolle ein anderer Teilnehmer übernimmt. »Du hast mich nie die werden lassen, die ich hätte sein wollen! Immer hast du dich durchgesetzt mit deinem Perfektionismus, mit deinem penetrant frommen Moralismus. Deine Fürsorge, wie du es genannt hast, war nichts als pure Angst vor dem Gerede der Leute.« Und dann zur Mutter gewandt, dargestellt von einer weiteren Teilnehmerin: »Und du, Mutter, warst zu feige, mir beizustehen. Als Vater mich vor meiner Freundin schlug, weil ich zu spät nach Hause kam, hast du dich abgewandt, bist in die Küche gegangen, weil du zu feige warst, deinen Mann zurückzuhalten. Aber dann sonntags in die Kirche rennen, das konntet ihr. Ich wollte nicht studieren, doch ihr habt es ja immer gut gemeint und ich mußte auf euer Drängen hin ein Studium machen, damit wir auch gut dastehen vor den Leuten. Es kotzt mich alles so an ...« Ihre Worte ersticken; sie weint.

Andere Teilnehmer wischen sich die Tränen aus den Augen. Sie erkennen und fühlen ihre eigene Lage, die sich kaum anders darstellt als die von Frau M.

Obgleich wir diese Therapie nun schon seit 1995 machen, sind wir Therapeuten immer wieder zutiefst betroffen von den Schicksalen dieser Menschen. Manche Erzählungen schlagen auch uns aufs Gemüt. In Gruppensitzungen, in Einzelgesprächen, in körperorientierten Arbeiten, in Massagen, in Familienaufstellungen und im Bibliodrama, im Enneagramm, auch in geistlichen Gesprächen und in Gebeten, greifen wir immer wieder die zentrale Problematik der Patienten auf. Ziel ist es, die eigenen Empfindungen und Wertvorstellungen wieder freizulegen und sich seines Selbst bewußt zu werden. Es geht um das Einüben einer authentischen Denk- und Lebensweise und schließlich um die Vergebung den Erziehern gegenüber, die selber Verletzte sind.

Ein Mann fand ein Adlerei und legte es in das Nest einer gewöhnlichen Henne. Der kleine Adler schlüpfte mit den Küken aus und erfuhr nie, daß er ein Adler war. So benahm er sich wie ein Küken. Jahre vergingen. Eines Tages sah er einen herrlichen Vogel am Himmel, der anmutig und hoheitsvoll dahinschwebte. »Was ist das?« fragte er seinen Nachbarn. »Das ist der König der Vögel, der Adler!« Und das Huhn, das in Wirklichkeit ein Adler hätte sein können, seufzte. Im Inneren fühlte es seine höhere Berufung, aber sie wurde nie erkannt und gefördert. Also blieb es ein Huhn und lebte unglücklich bis an sein Ende.

Ich möchte in diesem Buch darlegen, wann Anpassung und Unterordnung sinnvoll sind und wie sie zu erreichen sind, und wann Eigenwille und Widerstand als notwendige Voraussetzungen zu einem gelingenden Leben erlaubt sein müssen. Aus psychologischer und biblischer Sicht. Denn das Verhängnis bisheriger Pädagogik war die Berufung auf christliche Werte, die, näher betrachtet, nicht christlich sind, sondern das Resultat schmerzlicher Mißverständnisse dessen, was Jesus gemeint hat. Die andere Wange hinhalten heißt nicht, wehrlos alles geschehen lassen; Feinde lieben heißt nicht, seine verletzten Gefühle verdrängen. Ungehorsam darf nicht immer als Sünde betrachtet werden. Denn weltweit gesehen geschieht ja mehr Unrecht in einem fragwürdigen Gehorsam als im Widerstand. Und Leben, das ist das Seltenste in der Welt; die meisten Menschen existieren nur.

Experimente haben gezeigt, daß brave Leute zu Henkern werden können

Jeder Psychologiestudent kennt den berühmten Test des Amerikaners Stanley Milgram. Mehr als 1000 Personen unterzogen sich freiwillig diesem Versuch, der 1960 an der Yale University in Connecticut startete.

Es ging um die Frage, wann ein unter Druck gesetzter Mensch den Gehorsam verweigern würde. Die Teilnehmer mußten dabei auf Anordnung eines Versuchsleiters eine andere Person bestrafen, wenn diese auf bestimmte Fragen eine falsche Antwort gab. Die Testperson hatte vorher genug Zeit, den Frage-Antwort-Katalog auswendig zu lernen. Die Strafe bestand in unterschiedlich hohen Stromschlägen von 15 bis 450 Volt. Was die Teilnehmer nicht wußten: Die zu bestrafenden Testpersonen erhielten gar keine echten Stromschläge, mußten auch nichts auswendig lernen; sie sollten ihre Schmerzen lediglich vortäuschen. Versuchsleiter und Versuchsperson steckten unter einer Decke. Man wollte herausfinden, ob die ausführenden Teilnehmer tatsächlich die angeordneten Stromschläge verabreichen würden oder nicht. Ergebnis: 62,5 % aller Teilnehmer drückten gehorsam die Hebel bis zu 450 Volt, obwohl es keine Zwänge gab, dies zu tun, nur nachdrückliche verbale Aufforderungen seitens des Versuchsleiters. Sie drückten den Hebel auch noch bei den größten Schmerzensschreien der Testpersonen. Später begründeten sie ihr Verhalten mit dem Gehorsam dem Versuchsleiter gegenüber; der müsse es ja wissen und habe die Verantwortung.

Vierundzwanzig Jahre später, also 1984, starteten die niederländischen Sozialwissenschaftler Wim Meeus und Quinten Raaijmakers ein neues Experiment. »Opfer« war diesmal ein (angeblicher) Bewerber um einen Posten in der Universitätsverwaltung. Die Versuchspersonen, die jenen Bewerber verschiedenen Fragen unterzogen, sollten seinen Streßpegel testen, indem sie ihn immer wieder mit unfeinen Bemerkungen malträtierten. Die Testperson war eingeweiht und spielte den Gestreßten bis hin zur völligen Fassungslosigkeit. Er rasselte beim Bewerbungstest durch. Im vollen Bewußtsein, ihrem Mitmenschen die berufliche Zukunft zu zerstören, leisteten 92 % der »Handlanger« dieser Anordnung ohne Murren Folge. Auch hier wälzten sie die Verantwortung auf den Versuchsleiter ab. Erst als zwei weitere Versuchsleiter hinzukamen, die gegen diese Anordnung schimpften (natürlich auch ein abgekartetes Spiel), wagten 84 % ebenfalls Widerspruch einzulegen. Sie brauchten also zwei couragierte Mitmenschen, um sich ihrer eigenen Zivilcourage zu entsinnen.

Solche und weitere Experimente, aber auch tatsächlich geschehene Vorgänge, zeigen uns, daß es keine Unterschiede gibt in bezug auf Geschlecht, Alter und Bildung (man denke an den KZ-Arzt Dr. Mengele, an die DDR-Justizministerin Hilde Benjamin u. a.). Außerdem ergibt sich eine fast 100prozentige Gehorsamsbefolgung, wenn dem Teilnehmer die Rolle der Befehlsübermittlung zufällt. Allerdings: Je größer der Abstand zwischen Befehlendem und Ausführendem war, desto höher stieg die Verweigerungsquote. Wo der Versuchsleiter außer Sichtweite war, gab es zunehmend Verweigerung und »Ungehorsam«. Hier erweist sich klar, daß Furcht vor der Anwesenheit des »Starken« zum Haß auf ihn pervertiert, sobald der »Starke« abwesend ist. Gehorsam ist allzuoft eine durch Angst und Druck erzwungene Anpassung, die wertlos ist, weil sie den anderen nicht respektiert, sondern tyrannisiert.

Wie sehr Gehorsam gegenüber Autoritäten noch immer zu den Grundtugenden des Menschen zählt, zeigt ein Umfrageergebnis in Österreich 1984. Der Aussage im Fragebogen: »Das Wichtigste, was Kinder lernen müssen, ist Gehorsam«, stimmten 65 % der Befragten voll zu.
Was aber ist nun eigentlich Gehorsam?

Eltern ehren heißt nicht, alles tun, was sie sagen

Kaum ein Gebot wird so gründlich mißverstanden wie das vierte: »Du sollst deine Eltern ehren, damit du lange lebst in dem Land, das Jahwe dir geben will.« (Exodus 20,12) Und eine andere biblische Aussage wird ebenso falsch ausgelegt: »Wenn dir einer auf die rechte Wange schlägt, halte ihm auch die linke hin!« (Matth 5,39) Welches psychische

Elend ist bisher durch ein einseitiges Verständnis dieser Sätze hervorgebracht worden! Wer sich Reden und Verhalten Jesu einmal genau anschaut, wird feststellen, daß hiermit niemals ein Kadavergehorsam gemeint sein kann. Es geht nicht darum, stets unterschiedslos das zu tun, was Eltern bzw. Vorgesetzte sagen und wünschen; es geht nicht darum, sich wehrlos fertig machen zu lassen oder sich fremd bestimmen zu lassen und eigene Bedürfnisse zu verdrängen. Ein solches Tun wäre einseitig und widerspräche den Geboten von Abnabelung, Selbstwerdung und Verteidigung seiner Würde, von denen Jesus ebenfalls spricht. Hat er die andere Wange hingehalten, als er geschlagen wurde? (Vgl. Joh 18,23) Hat er seine Eltern weniger geehrt, als er auf der Pilgerreise verschwand und nach drei Tagen von seiner ängstlichen Mutter gefunden wurde? War er bockig, aufsässig oder rebellisch, als er gegen die kultischen Reinheitsvorschriften handelte und die Barmherzigkeit über die Gesetzlichkeit stellte?

Ehren bedeutet nicht immer das tun, was andere wollen. Es steht dort nicht: Du sollst deinen Eltern gehorchen und brav das tun, was sie befehlen.

Es war einmal ein Mensch mit viel Können und Wissen. Er war sehr beliebt und gefragt. Da er stets bereit war, auf die Menschen einzugehen, konnte er nie nein sagen. Er suchte die Harmonie und den Frieden. Dabei gab er viel und bekam nur wenig. Die Menschen waren mit ihm sehr zufrieden. Da brach er eines Tages erschöpft zusammen. Er war aus der Mitte geraten bei dem Bemühen, es jedem recht zu tun. Nie war er wütend; nie schaute er auf seine eigenen Bedürfnisse und Gefühle. So vergaß er, auf sein eigenes

Herz zu hören, und wurde krank. Er funktionierte nur noch im Sinn der Mitmenschen.

Bei diesem Menschen war das Gleichmaß gestört. Er verwechselte ehren mit funktionieren. Und weil er keinem weh tun wollte, war er bemüht, stets das zu tun, was die anderen von ihm erwarteten. Lange Zeit glaubte er, die Wünsche Gottes damit zu erfüllen; doch in Wahrheit suchte er die Befriedigung seiner eigenen illusionären Vorstellungen, ja auch die Erfüllung der elterlichen Wünsche. Er lebte nicht, er wurde gelebt.

Jesus zeigte uns ein anderes Modell. Er respektierte die Menschen, selbst die Sünder, ohne deshalb seine Verbindlichkeit aufzugeben. Ehren heißt Achtung erweisen und nicht sich anpassen. Er lauschte auf die innere Stimme, »die des himmlischen Vaters«. Verweigerte Anpassung bedeutet aber auch nicht Verletzung der Liebe. Es kommt immer auf das Wie an.

Selbstverständlich schließt das vierte Gebot den Gehorsam mit ein, wobei Gehorsam auf beiden Seiten zu üben ist, nämlich das Hinhören auf das, was der jeweils andere zu sagen hat. Gehorsam wie auch Respekt darf nicht allein von den Untergebenen eingefordert werden. Eltern wie Kinder, Lehrer wie Schüler müssen aufeinander hören und sich respektieren. Wo das Hören einseitig ausgelegt wird, entsteht auf Seiten des Untergebenen Kadavergehorsam, Untertanenmentalität, angstbesetzte und zunächst aggressionsgehemmte Bereitschaft zum Überleben. Auf der Seite des Vorgesetzten wie Untergebenen wächst schnell ein gewisser Hochmut, ein Mangel an Respekt. Dienstbeflissenheit hier, Machtbesessenheit dort wären noch die harmlosesten Folgen. Wer widerspricht, ist nicht gefährlich. Gefährlich ist, wer zu feige ist, zu widersprechen; denn ein solcher Mensch wird sich auf Dauer selber schädigen (Bumerangeffekt) oder in verdeckter Weise dem anderen Übles antun (Ventileffekt).

Wer aus Angst gehorcht, bekommt Probleme

Das Kleinkind braucht einen geschützten Raum und die Erfahrung von Geborgenheit. Diese wird ihm nur gegeben, wenn die Eltern sich als beständig, zuverlässig und einfühlsam erweisen. In der Erfahrung einer konsequenten Erziehung, die vernünftige Grenzen setzt, kann ein Kind Vertrauen aufbauen. Gehorsam gegenüber Autoritäten wird erlernt, indem das Kind die Erwachsenen als weiser, stärker und mutiger erfährt. Auf dieser Basis wächst jenes Vertrauen, das nicht immer nach dem plausiblen Grund von Ge- und Verboten fragen muß. Erst wenn die Furcht vor den Autoritäten den Gehorsam bestimmt, wenn man also Angst einjagt und mit Liebesentzug droht, wird die Anpassung zu einer Überlebensstrategie. Sie dient dem Erhalt von Zuwendung. Gehorsam als Mittel des Sympathiegewinns.

Später dann muß der Erwachsene die Leine etwas lockern und seine Entscheidungen plausibel darlegen können. Junge Menschen müssen mit vernünftigen Argumenten zur Einsicht gebracht werden; in Einzelfällen können angedrohte Maßnahmen etwas nachhelfen, aber insgesamt ist eine Pädagogik, die nur schreit, schimpft und droht, nicht tauglich. Verbote ohne Plausibilität haben wenig Wirkung, erzeugen eher Widerstand und wecken auf Dauer die Bereitschaft, sie mit List und Raffinesse zu umgehen. »Leider müssen wir zugeben, daß wir alle jene Menschen lieben, die frisch heraus sagen, was sie denken, sofern sie dasselbe denken wie wir«, stellte schon Mark Twain fest. Tatsächlich bezeichnen wir den, der nicht von seiner Meinung abweichen will, als Starrkopf. Halten wir selber aber an unserer Meinung stur fest, geben wir dies als Ausdruck unserer Konsequenz und Entschlossenheit aus. Dabei ist es ein Zeichen von Klugheit und Stärke, wenn wir auch auf die anderen hören und gegebenenfalls unsere Meinung korrigieren. Adenauers Bonmot zeugt von Humor und Größe: »Was geht mich meine Rede von gestern an. Auch ich werde von Tag zu Tag klüger.«

Es ist schwer, aber notwendig, daß der Heranwachsende zunächst einmal lernt, sich zu unterwerfen; denn nur so wird er später auch befähigt zu befehlen. Es sind das Maß, das Motiv und die Methode, die hier zum Ziel führen oder auch nicht. Selbstsüchtiges Begehren muß beherrscht werden können. Doch müssen die Erzieher und Vorgesetzen es erst einmal vorleben.
Die Empfehlung des Apostels Paulus im Römerbrief erweist sich nicht als probat im Hinblick auf eine christliche Lebensgestaltung, wenn er schreibt: »Jedermann ordne sich der Gewalt unter; es gibt keine Gewalt, die nicht von Gott ist.« (Röm 13.1) Sicher, wenn die Obrigkeit Dinge verlangt, die gegen das Gewissen gehen, ist der Gehorsam nicht zu leisten; denn man muß Gott mehr gehorchen als den Menschen. Nach dem Zweiten Weltkrieg wurde im

evangelischen Bereich heftig über diese paulinische Aussage in Römer 13 diskutiert. Bischof Otto Dibelius von Berlin-Brandenburg hatte die schwere Aufgabe, für die evangelischen Christen in der damaligen sowjetisch besetzten Zone mit den russischen und kommunistischen Behörden zu verhandeln. Da war Fingerspitzengefühl notwendig. Jeder kann Gewalt und Macht mißbrauchen, selbst wenn diese von Gott kommt. Muß dann der Mensch immer auch gehorchen? Da entscheidet eine andere Instanz, das Gewissen, das auch dann übergeordnet ist, wenn es sich irren sollte. So konnte beispielsweise Helmut Kohl die Namen der Spender gar nicht preisgeben, weil er seinem Gewissen folgen mußte. Das Parteiengesetz steht nicht darüber. Allerdings muß für diese Gewissensfreiheit mitunter ein hoher Preis gezahlt werden.

Franz Jägerstätter verweigerte aus Gewissensgründen den Wehrdienst, obgleich sein Bischof sogar ihm geraten hat, den Dienst zu tun. Er wurde hingerichtet. Immer wieder gibt es mutige Einzelgänger, die sich aus ethischen und moralischen Gründen dem Gehorsam entziehen und nicht »funktionieren«. Manche müssen das mit ihrem Leben bezahlen. Im zwischenmenschlichen Bereich werden solche Menschen bisweilen ausgegrenzt. Wer seine Stimme erhebt, seiner Intuition folgt, schwimmt meist gegen den Strom der Masse. Und wer zur Quelle will, muß gegen den Strom schwimmen.

Luther zieht in seiner Schrift »Von der Freiheit eines Christenmenschen« eine Verbindung zwischen Liebe und Gehorsam. Wer liebt, gibt sich dem anderen hin, vertraut ihm und fügt sich. Daraus läßt sich nicht folgern, daß jeder

Gehorsam aus Liebe geschieht. In der christlichen Ethik handelt derjenige recht, der Gott gehorcht. Ungehorsam ist Sünde. Sünde heißt absondern von Gott, Bruch der Gemeinschaft.

Nun aber steht der Gehorsam Gott gegenüber höher als der den Menschen gegenüber. Wir tun gut daran, den Ungehorsam eines Kindes seinen Eltern gegenüber nicht in jedem Fall gleichzusetzen mit einer Sünde. Hier findet auch Abnabelung statt, das Einüben eigenständiger Werte. Und Eigensinn darf nicht mit Unsinn verwechselt werden.

Als das Bayerische Fernsehen die Ausstrahlung des Homosexuellen-Films »Die Konsequenz« für den bayerischen Sendebereich verhinderte, lief er bald darauf in den Kinos. Die Kinobesitzer warben mit Plakaten und dem Hinweis: »Vom Bayerischen Rundfunk abgesetzt«. Natürlich war der Besucherstrom enorm. Hier gilt: Das Verbotene reizt besonders. Zensur hat oftmals einen Bumerangeffekt: Das Verbotene wird attraktiver, als es ohne Zensur gewesen wäre. Hinter dem »Jetzt-erst-recht-Verhalten« steckt auch Provokation, Trotz, Neugier.

Menschen reagieren nur dann in der gewünschten Weise, wenn sie nicht das Gefühl haben, autoritär übergangen oder entmündigt zu werden. Wenn jedoch jemand seine Freiheit gar nicht wahrnimmt und auch nicht bewußt davon ausgeht, daß er sein Handeln frei bestimmen kann, dann wird er auch nicht seine Gegenstimme erheben. Normalerweise weckt offizieller Druck, besonders bürokratischer Unfug, Widerstand. Wenn Nachteile für den Widerstand zu erwarten sind, äußert er sich anonym.

Jahrelange erzwungene Anpassung macht depressiv oder aggressiv

In unserer »Heilenden Gemeinschaft« im Pallotti-Haus Freising erleben wir regelmäßig, welche schlimmen Folgen eine jahrelange Anpassung unter Druck hat. Die Teilnehmer dieser dreiwöchigen Therapie zeigen eine gelernte Hilflosigkeit. Die einen haben sich entschieden, jedwedem Druck unterschiedslos aggressiv zu widerstehen; die anderen haben die Regression gewählt, also den Rückzug in infantile Verhaltensformen. Sie haben resigniert. Keiner ist imstande, mündig zu agieren. Wir erleben alle Formen von Depressionen, verkappten und offenen Aggressionen, selbstzerstörerisches Mißtrauen, Ängste. Manchmal bricht eine ungeheure Wut auf, die in der familiären Atmosphäre um der Harmonie willen bislang zurückgehalten wurde. In Rollenspielen erleben die Teilnehmer wieder neu die alte, verdrängte Wut gegen jene Erzieher, die mit autoritären Maßnahmen, aber auch mit sehr subtilen Manipulationen, verdeckt unter Fürsorglichkeit, die Kinder an sich gebunden haben. Mancher war für den Elternteil Partnerersatz und konnte seine Kindheit und Jugend nie ausleben.

Ein Bär ging in seinem sechs Meter langen Käfig hin und her. Als die Gitterstäbe nach fünf Jahren entfernt wurden, ging der Bär weiterhin diese sechs Meter hin und her, als ob der Käfig noch da wäre. Für ihn war er da.

Frau L. war nicht imstande, ihre Gaben und Fähigkeiten zu nennen. Sie kannte sie nicht. Still und schüchtern saß sie da. Wenn andere ihre schlimmen Erlebnisse aus ihrer Kindheit erzählten, weinte sie still vor sich hin. Wurde sie nach dem Grund des Weinens gefragt, wußte sie ihn nicht. Auf die anderen Teilnehmer wirkte sie stets freundlich und hilfsbereit. Nie war sie zornig oder unbeherrscht. Sie hätte gern alles getan, was man ihr auftrug, wenn sie es denn gekonnt hätte. In dieser Hilflosigkeit war sie dauernd den Tränen nahe. Sie tat uns leid. Schon als Mädchen war sie brav und angepaßt. Aber man merkte ihr an, daß sie nicht wirklich lebte. Von einem jähzornigen Vater und einer schwachen Mutter als Nesthäkchen aufgezogen, war sie immer bemüht um die Gunst der Eltern. Das Schlimmste war für sie, wenn der Vater tobte. Diesem Trauma konnte sie nur entgehen, wenn sie sich zurückzog und weinte. Mit ihrer sozialen Aufopferung vermochte sie Versöhnung herzustellen; doch ein wirklicher Frieden war dies nicht.

Frau K. schien ganz das Gegenteil. Sie stampfte mit ihren Füßen durch die Gegend wie eine Dampfwalze. Energisch und voll Power trat sie bisweilen auf. Sobald man aber von ihr bestimmte Tätigkeiten erwartete, deren Sinn ihr nicht unmittelbar einleuchtete, bockte sie oder verließ den Raum. Dann verkroch sie sich in ihr Bett, rollte sich wie ein Fötus ein und war stundenlang nicht ansprechbar. Sie konnte nicht streiten. Entweder schmollte sie und lief weg oder sie polterte los und entwickelte einen unverhältnismäßig starken Widerstand, der nur zu erklären war in ihrem Haß gegen den dominanten, keinen Widerspruch duldenden Vater.

Beide Frauen zeigten ähnliche familiäre Situationen; die eine hat sich unbewußt für die depressive Reaktion entschieden, die sie durch Freundlichkeit und Hilfsbereitschaft kompensiert; die andere zeigte sich stark, holte sich aber hie und da Zuwendung in der regressiven Rolle des Babys. Mal schien sie erbärmlich schwach, mal wieder ein Energiebündel, sodaß die Therapeuten sie mit der Frage konfrontierten: Wie alt sind Sie *jetzt*?

Wo immer ein Mensch zum Gehorsam gezwungen wird, ist dies ein Schlag gegen seine Würde. Fehlender Respekt aber rächt sich bitter.

Herr P. wurde oft geschlagen. Meinungsverschiedenheiten und »Ungezogenheiten« hatten Prügel auf das Gesäß und Ohrfeigen zur Folge. Er bekam die väterlichen Zuwendungen nur in Form von Schlägen. Im Lauf der Jahre hat er sich eine dicke seelische Schutzmaske zugelegt, die ihn gegen körperliche Schmerzen immun machen sollte. Heraus kam ein masochistisch veranlagter junger Mann, der Streit provozierte, sogar handfeste Prügeleien arrangierte, um sich so unbewußt das Gefühl seiner Existenz zu geben nach dem Motto: Ich fühle Schmerz, also bin ich. Manchmal fügte er sich selber mit dem Messer Schnitte in den Arm zu. So überlagert der physische Schmerz den seelischen.

Inzwischen gibt es im Internet eine unüberschaubare Zahl von Webseiten, die sich an sadomasochistisch veranlagte Menschen richten (Kontaktanzeigen, Sexartikel, Chatrooms). Nicht alle haben eine Vergangenheit aufzuweisen wie Herr P. Gemeinsam ist ihnen jedoch die wiederholte Erfahrung schmerzlicher Erniedrigung bei gleichzeitigem Gefühl von Lust. So kann eine gesellschaftlich noch im

Rahmen liegende Dienstbeflissenheit, anerzogen in einem angstbesetzten, perfektionistisch geprägten Milieu, entarten in eine selbstquälerische Hingabe, die nur eines zum Ziel hat: Das eigene Leben fühlen.

Während ich dies niederschreibe, flattert ein Fax auf meinen Tisch: 80 % der bayerischen Familien praktizieren körperliche Gewalt in Form von kleinen Hieben auf den Po, von saftigen Ohrfeigen bis hin zur »ordentlichen Tracht Prügel«, was immer das heißen mag. Die bayerische Landesregierung hat es bis heute nicht für notwendig gehalten, das Recht auf eine gewaltfreie Erziehung gesetzlich zu verankern. Wen wundert's, daß die therapeutischen Praxen überlaufen?

Wo kommt die Fähigkeit zum Gehorsam oder zum Widerspruch her?

Es gibt Menschen, die trotz einer miserablen Kindheit eine erstaunliche Mündigkeit und Selbstachtung aufweisen. Sie haben gesunde Widerstandskräfte entwickelt, obgleich die familiäre Situation dafür keine Basis zu sein schien. Wie also gelingt es diesen Menschen, ihr Leben zwischen Gehorsam und Widerstand, zwischen Anpassung und Durchsetzungsvermögen in einer gesunden Weise auszuloten?

Untersuchungen durch Ernest Bornemann in Österreich, Sardoff Mednick in Dänemark, Norman Garmezy in den USA und Michael Rutter in England konnten die Bedingungen herausfinden, die zu einer psychischen Stabilität und Widerstandskraft trotz scheinbar negativen Umfelds führen. Dabei gingen sie nicht von der Frage aus: »Was hat den Kranken krank gemacht?« sondern von der umgekehrten Fragestellung: »Was hat den Gesunden gesund erhalten?«

Das Ergebnis ist erstaunlich und tröstend zugleich; denn es widerspricht der gängigen Auffassung, daß rabiate Eltern oder eklatante Armut zwingendermaßen ins psychische Desaster führen müßten. Vielmehr erkannte man: Selbstsicherheit, die den Mut zum Widerstand liefert, aber auch die Bereitschaft zum Gehorsam, hat ihre Ursache immer in einer liebevollen, geduldigen und opferbereiten Bezugsperson. Wenn eine solche Person also vorhanden ist, auch außerhalb der kaputten Familie, ist die wichtigste Quelle der seelischen Stabilisierung gegeben.

Sämtliche Forscher fanden typische, gemeinsame Faktoren heraus, auf die eine gelingende Erziehung achten muß:

Armut kann sogar ein Ansporn sein, das Leben kreativ in die Hand zu nehmen, wenn das Kind von einer liebenden Bezugsperson begleitet wurde. Geduld, Zärtlichkeit und Vertrauen sind hierbei die entscheidenden Charaktermerkmale der Bezugsperson. Fehlt sie, reichen die besten genetischen Voraussetzungen nicht aus, um das Kind zu stabilisieren. Der Mangel an Komfort wird beim Einfluß einer solchen zärtlichen Bezugsperson nicht als Defizit, sondern als Herausforderung betrachtet. Das Kind entwickelt innovative und kreative Kräfte. Zärtlichkeit bedeutet nicht Nachgiebigkeit, Unverbindlichkeit oder gar Inkonsequenz.

Der größte Schock, das schlimmste Trauma, z. B. eine Vergewaltigung oder eine Todesangst, kann aufgefangen und verarbeitet werden, wenn sofort eine Person da ist, die das Kind in die Arme nimmt, streichelt, tröstet, beruhigt. Fehlt sie, erstarrt dieses traumatische Erlebnis buchstäblich und manifestiert sich auch körperlich, etwa in einer Atemnot, Sprechangst, Berührungsscheu, durch Würgegefühle oder andere funktionelle Blockaden.

Stabile Vertrauenspersonen außerhalb der Familie vermögen sogar im Kind Mitleid für den kranken und instabilen Elternteil zu wecken, sodaß kein Selbstmitleid aufkommt. Es entsteht Verantwortungsgefühl und Fürsorge ohne Rachegedanken.

Wenn jedoch die Belastbarkeit des Kindes ein gewisses Maß überstieg oder wenn die Bezugsperson krank wurde oder gar starb, wendete sich das Blatt katastrophal. So das Ergebnis der Forschung. Wir erkennen wieder einmal mehr, daß es die Liebe ist, die heilt und schützt. Was aber ist Liebe? Sie droht nicht, sie schlägt nicht, sie trägt nichts nach. Die meisten Fehler liegen im Mangel an Zeit für die Anliegen der Kinder, im Mangel an Einfühlungsvermögen und Geduld; letztlich im Mangel an Selbstakzeptanz. Niemals sollte man Kinder vor den Ohren und Augen ihrer Kameraden beschimpfen und demütigen; niemals sollte man sie gegen ihr Gewissen und gegen ihre Fähigkeiten zu etwas zwingen. Niemals mit Liebesentzug drohen oder sie in Abhängigkeit bringen (z. B. den Geldhahn zudrehen, den Urlaub streichen).

Je angepaßter die Eltern leben, desto geringer ist die Wahrscheinlichkeit, daß die Kinder resistent werden gegen die Versuchungen der Anpassung und Duckmäuserei. Dabei ist eine nicht zu komfortable, eher materiell bescheidene

Kindheit günstiger, weil sie – bei Vorhandensein einer vertrauensvollen Bezugsperson – im Erwachsenenalter die Zivilcourage fördert. Denn materielle Einschränkung vermag wie gesagt Energien freizusetzen für den Überlebenskampf; außerdem fördert sie die Phantasie, macht erfinderisch. Tatsächlich zeigten jene Personen, die unter ärmlichen Verhältnissen aufwuchsen, aber in liebevoller Atmosphäre, die Goldwäschermentalität: Sie sahen noch im gröbsten Dreck ein Goldkörnchen glänzen. Und noch etwas: Sie verweigerten trotz ihrer Beliebtheit jede Form der Anpassung an herrschende Normen, die ihnen falsch, ungerecht oder unmoralisch schienen.

Courage bzw. der Mut zum eigenständigen Denken und Handeln ist nicht ererbt, vielmehr erworben – dank einer Vorbildfigur, die im optimalen Fall die Eltern selber sind. Entbehrungsreiche Kindheit, psychische Stabilität und Bereitschaft zum (politischen) Widerstand hängen zusammen. Und die Bedingungen dafür schafft eine ebenso geartete Leitfigur.

»Peter, hast du eine Erklärung dafür, daß dein Freund bessere Schulnoten nach Hause bringt als du?« fragte die Mutter.

»Ja, mein Freund hat die intelligenteren Eltern.«

Worauf die Mutter antwortete: »Peter, diese Antwort beweist, daß deine Eltern so dumm nicht sein können!«

Hier haben Sie ein Beispiel für Schlagfertigkeit (oft leider als Frechheit mißdeutet) und für den Humor. Die Reaktion der Mutter läßt außerdem auf psychische Stabilität schließen. Wie hätten Sie reagiert?

Das Erziehungsideal des Deutschen heißt immer noch: Du sollst artig sein

Hier beginnt schon das fatale Mißverständnis: Artig heißt nicht angepaßt. Artig heißt auch nicht brav; denn brav bedeutet: tapfer, mutig. (Vgl. Bravour). Und artig ist nichts anderes als »artgemäß«, also seiner Art gemäß handeln, und das kann alles andere sein als widerspruchslos. Wer also im Sinn des Wortes tatsächlich artig und brav ist, richtet sich nach seinen Empfindungen, macht es auf *seine* Art. Er ist also originell und authentisch. Er hat auch den Mut, sich gegen das Establishment zu stellen und auf seine Art Widerspruch anzumelden. Sicher erfordert auch die Unterordnung Mut, etwa beim Soldaten, der unliebsamen, aber notwendigen Befehlen gehorchen muß. Insofern muß auch der Befehlende artig und brav sein, nämlich originell und mutig. Das Dilemma unserer Pädagogik liegt vor allem auch in der Einseitigkeit begründet. Stets fordert sie den Gehorsam, den Mut, das Zurückstellen des Eigenwillens vom anderen, notfalls mit Hilfe fragwürdiger Sanktionen. Doch beide Seiten müssen aufeinander horchen und voneinander lernen.

Allzuoft treibt die Angst vor dem Liebesverlust zum Gehorsam auch dort, wo er eigentlich verweigert werden müßte. Hierbei handelt es sich um Unterwürfigkeit. Und umgekehrt kann die Angst vor dem Autoritätsverlust ein Motiv sein, Strafen zu verhängen. Auch im religiösen Bereich wurde zu häufig der Name Gottes mißbraucht; er wurde zum strafenden Richter degradiert. Man sprach vom Auge Gottes, das alles sieht, und erhob dabei den Zeigefinger. Religiös motivierte Pädagogik sollte sich in

besonderem Maß durch Toleranz und Vergebung aus-
zeichnen; statt dessen fällt sie mir immer wieder auf durch
ihre Intoleranz und Einseitigkeit.

*Eines Tages kam ein junger Mann auf der Flucht vor einem
unversöhnlichen Feind in ein Dorf. Die Einwohner nah-
men ihn freundlich auf und boten ihm ein sicheres Versteck. Anderntags kamen die verfolgenden Soldaten ins
Dorf, durchsuchten alles und trieben alle Einwohner auf
den Marktplatz.*

*»Wir zünden das Dorf an und töten alle Männer, wenn ihr
nicht diesen jungen Mann ausliefert!«*

*Der Älteste mußte nun entscheiden: Alle oder nur einer?
Er ging in sein Zimmer, schloß sich ein und suchte in der
Bibel die Antwort. Da am Morgen fiel sein Blick auf den
Satz: »Es ist besser für euch, daß ein Mann stirbt, als daß
ein ganzes Volk zugrunde geht.« (Joh 11,50). Der Älteste
ging hinaus und zeigte den Soldaten das Versteck des jungen Mannes.*

*Das Dorf feierte seine Befreiung auf Kosten dieses einen
schutzsuchenden Menschen; doch der Älteste war nicht
froh darüber. In der Nacht erschien ihm ein Engel: »Was
hast du getan?« – »Ich habe die Schrift befragt und diese
Antwort bekommen.« – »Weißt du nicht, daß du den Mes-
sias ausgeliefert hast?« fragte ihn der Engel. »Wie hätte ich
es wissen sollen?« entgegnete der Älteste. Und der Engel
antwortete: »Wenn du statt in der Bibel zu lesen, zu dem
jungen Mann gegangen wärest und ihm ein einziges Mal in
die Augen geschaut hättest, dann hättest du es gewußt.«*
(Bruno Ferrero: Perlen der Weisheit. Turin 1997, S. 56)

Es ist das Dilemma vieler frommer Menschen, daß sie eine funktionale Frömmigkeit leben, keine spirituelle. Sie sind vielleicht wirklich fromm, aber selten klug. Ich werde täglich konfrontiert mit solchen frommen Mitmenschen, die im Namen der Religion mehr Unrecht zufügen als mancher Nichtfromme. Schon Theresia von Avila warnte vor der Übertreibung des Guten.

Wann sind Ungehorsam und Widerspruch gefordert?

Nach zweieinhalb Jahren hat das Kirchenasyl einer Kurdenfamilie in Altensittbach bei Hersbruck ein glückliches Ende gefunden: Ramazan und Ayse Aklan mit ihren sechs Kindern dürfen sich nun frei bewegen und Arbeit aufnehmen. Das bayerische Innenministerium hat eine Duldung ausgesprochen. Für ihren Verbleib sprachen sich der Nürnberger Regionalbischof Röhlin, der bayerische Landesbischof Friedrich und der Laufer Landrat Helmut Reich bei Innenminister Beckstein aus. Beckstein hatte diese Lösung noch Mitte 2000 abgelehnt. (Süddeutsche Zeitung 16. 1. 2001)

Das Kirchenasyl ist eines der besten Beispiele für die Notwendigkeit des zivilen Ungehorsams. Gegen ministerielle Verordnung, nach der es strafbar ist, abgelehnten Asylanten privaten Unterschlupf zu gewähren. Aber auch das Staatsrecht steht unter dem Gewissensrecht. Der Schutz verfolgter Bürger hat Vorrang. Dieser Schutz hat keinen

Nachteil, fügt keinem Unrecht zu, sondern setzt geforderte Nächstenliebe in die Tat um. Und die Barmherzigkeit hat immer noch Vorrecht vor der reinen Gesetzlichkeit. So die Bibel.

Menschenrechte werden nicht immer durch Gesetze gedeckt; ja manchmal sogar durch sie verletzt. Da muß der Bürger Widerspruch einlegen, notfalls gegen den Staat aufbegehren. Das können nur jene vollbringen, die von Haus aus genug Zivilcourage haben und bereit sind, dafür auch Strafen in Kauf zu nehmen, z. B. Gefängnis.

Schäme dich nicht, zu sagen, was dein Herz für richtig hält. Halte das Wort nicht zurück, wenn es retten kann ... Widersprich nicht der Wahrheit ... und sei nicht parteiisch mit Rücksicht auf einen Mächtigen. Bis zum Tod streite für die Wahrheit.« (Sirach 4,23 ff.)

Da kämpft eine Familie verzweifelt gegen den Zwang, ihre Tochter auf Rechtshändigkeit umstellen zu müssen. Warum denn eigentlich muß ein Mensch rechts schreiben? Alle Argumente halfen nichts. Inzwischen hat man die Torheit erkannt, die von oben herab befohlen wurde. Immer müssen erst einmal ein paar mutige, zornige Menschen gegen einen Unsinn protestieren, bevor auch bei den Gesetzesfanatikern die späte Einsicht folgt.

»Ungehorsame« Menschen haben Leben gerettet, Landschaften geschützt, Unrecht beseitigt, Nachbarschaftshilfen angeregt, Initiativen gegründet. Viele Menschen wären gern mutiger, doch wenn es darauf ankommt, fehlt ihnen die Courage. Zu ihr gehört auch die Courage zur Blamage; sie haben Angst, ins Fettnäpfchen zu treten und ihr

Gesicht zu verlieren. Also ziehen sie sich feig zurück und nennen es manchmal Klugheit.

Wieviel Unrecht geschieht im schulischen Alltag! Ungerechte Benotungen, Zurückstufungen, Unterstellungen können so manches Kind in Bedrängnis bringen. Wenn dann noch die Eltern den verlängerten Arm des Lehrers spielen, wird für das Kind die Lage aussichtslos.

Kurt Singer führt in seinem ausgezeichneten Buch »Zivilcourage wagen« ein rührendes Beispiel für den Mut einer Schülerin an.

Sophie und ihre Schwester Elisabeth, die beide von Haus früh genug zu Selbständigkeit angeleitet wurden, gingen in die gleiche Klasse. Ihr Lehrer versetzte die Kinder oft willkürlich auf bestimmte Plätze, den Noten entsprechend. Ausgerechnet an ihrem Geburtstag stufte der Lehrer Elisabeth zurück und versetzte sie. Sophie war empört: »Meine Schwester hat heute Geburtstag, die setze ich wieder hinauf!« Sprach's und führte Elisabeth vor dem erstaunten Lehrer an den alten Platz.

Sophie zeigte Ungehorsam oder positiv formuliert: Zivilcourage. Es handelte sich bei diesem Kind um Sophie Scholl. Jetzt wird auch klar, wieso sie später die Kraft hatte zum Protest und Widerstand.

Ich habe als Schüler nie erlebt, daß irgendeiner aufgestanden wäre, um mich gegen ungerechte Angriffe zu verteidigen. Von Haus aus wurden meine Schwester und ich zur Eigenständigkeit erzogen. Wir durften protestieren, durften Fehler machen ohne ein Spektakel befürchten zu müssen, wurden zum Widerspruch ermutigt, wenn Unrecht geschah.

Als ich noch am Gymnasium unterrichtete und mir die Abiturklasse mit 20 Burschen anvertraut wurde, gab es fast einen Eklat. Vier meiner Schüler waren versetzungsgefährdet; ein Kollege wollte sie streng prüfen und notfalls durchrasseln lassen. Da haben wohl auch persönliche Gefühle eine Rolle gespielt. Ich sprach mit ihm und bat ihn, sie auf jeden Fall durchs Abitur zu lassen und ihre Existenz nicht zu versauen. Wer neun Jahre die Schullaufbahn durchgestanden hat, sollte nicht jetzt durch Strenge und pädagogische »Konsequenz« aus der Bahn geworfen werden. Von drei wußte ich, daß sie studieren wollten. Angesichts der drohenden schlechten Benotungen durch meinen Kollegen, prüfte ich diese Schüler so lange, bis sie in der Vornote ein »sehr gut« erhielten. Dadurch war ein Ausgleich geschaffen für den Fall eines »mangelhaft«. Tatsächlich kamen alle durch. Heute sind sie erfolgreiche Akademiker. Mein Vorgehen war zweifellos eine Manipulation und verboten. Dazu stehe ich. Und Sätze wie »Vorschrift ist Vorschrift« oder »Da könnten ja alle kommen« oder »Ordnung muß sein« gehörten noch nie zu meinem pädagogischen Repertoire.

Wir dürfen nicht schweigen, wenn Vorgesetzte Untergebene demütigen, wenn Schwache benachteiligt werden. Unrecht, Spott, Unterdrückung, Verleumdungen und Mobbing müssen angeprangert werden. Dafür ist allerdings oft auch ein Preis zu zahlen. Bin ich bereit, diesen Preis zu zahlen? Habe ich genug Durchsetzungsvermögen, auch seelische Stabilität? Kann ich es mir leisten, Sympathien zu verlieren, meine Karriere zu belasten? Es empfiehlt sich, Verbündete zu suchen und gemeinsam gegen das Unrecht vorzugehen. Viele aber wagen diesen Schritt nicht, weil sie Angst haben vor der Meinung der anderen. Eigentlich haben sie Angst vor der Angst. Und diese Angst lügt. Sie haben nie den Aufstand geprobt, stets sich gefügt, wenn auch widerwillig. Fehlende Erfahrungen können ängstlich machen. Mitunter hilft eine Portion Wut oder Neugier darüber hinweg. Am besten aber wäre es, das »Gerede der Leute« nicht so wichtig zu nehmen, sondern sich zu fragen, was jetzt wohl Gott machen würde.

Einem weisen Mann war es völlig gleichgültig, was die Menschen von ihm dachten. Als die Schüler fragten, wie er diesen Zustand der Gelassenheit erreicht habe, lachte er und sagte: »Bis ich zwanzig war, scherte ich mich nicht darum, was andere dachten. Nach meinem zwanzigsten Lebensjahr fragte ich mich ständig, was wohl die Nachbarn von mir hielten. Als ich dann die fünfzig erreicht hatte, erkannte ich plötzlich, daß sie kaum je überhaupt an mich dachten.«

Innerhalb von Behörden und Schulen, Verwaltungen und religiösen Gruppierungen, vor allem Sekten, sind Anpassung und Unterordnung erwünscht. Kaum einer erhebt seine Stimme, wenn Menschen verletzt werden. Einige entschuldigen ihr Schweigen mit dem Fehlen schlagkräftiger Argumente. Das stimmt nur zum Teil; denn es geht in erster Linie um das Aussprechen meiner Empfindungen, meiner Empörung. Konflikte haben ist nicht schlimm; schlimm ist es, sie nicht wahrhaben zu wollen. Dann protestiert der Körper, auch das Gewissen in mir, wenn es denn überhaupt noch da ist.

Ein Arzt hatte unverbrauchte Medikamente kostenlos an Patienten weitergegeben. Dafür wurde er mit einer hohen Geldstrafe belegt. Begründung: Die Vergabe sei nur Apothekern gestattet. Das Urteil hat bundesweit für Aufregung gesorgt, weil nicht einzusehen ist, wieso teure Medikamente verfallen müssen. Hier stimmt etwas im System nicht. Die Kassenärztliche Vereinigung und auch die Ärztekammer seines Landes standen hinter dem Kollegen, der ein Zeichen setzte, um endlich einmal Fragwürdiges in die Diskussion zu bringen. 800 Millionen Mark könnten jährlich gespart werden, wenn man unverbrauchte Medikamente weitergeben dürfte. (Münchner Merkur 18. 2. 2001)

Beispiele dieser Art können ein Buch füllen. Einerseits spricht man ständig von mehr Eigenverantwortung, andererseits wird sie sanktioniert, wenn sie nicht in den ideologischen Kram paßt. Autorität darf nicht autoritär sein, sonst ist sie nichts anderes als herrschaftsstabilisierende Kontrolle. Im Fall des Arztes hält die Gesetzeslage das Monopol der Apotheker aufrecht. Eine Weitergabe unverbrauchter Medikamente würde ja deren Einkommen schmälern.

Ein Beispiel aus dem familiären Alltag: Ein junger Mann heiratet gegen den Willen der Eltern eine Frau. Auch die Freundinnen von früher wurden nie akzeptiert. Gegen den Willen der Eltern zieht er in eine Wohnung am Rand der Stadt. Es war Wunsch der Eltern, daß er mit seiner Frau in das ausgebaute Dachgeschoß des Elternhauses ziehen sollte. Begründung: Es ist billiger, praktischer und alles unter einem Dach und überhaupt, was ist, wenn die Eltern alt und gebrechlich werden? Jetzt, wo der Sohn »undankbar und egoistisch« ist, haben sie die Beziehung abgebrochen. Der Frau unterstellen sie, daß sie ihren Sohn manipuliert und beeinflußt habe.

Hat der Sohn ungerecht gehandelt? Ist nicht vielmehr das Verhalten der Eltern in gewisser Weise egoistisch? Sie machen sich schuldig, wenn sie ihr Kind nicht loslassen können und mit allerlei Scheinargumenten oder Drohungen an sich binden. Der Sohn hat sich inzwischen gelöst; doch meistens enden derartige Abnabelungsprozesse tragisch. Viele behalten funktionale Schuldgefühle und leiden unter ambivalenten Gefühlen wie Haßliebe, Suche nach Nähe bei gleichzeitiger Sehnsucht nach Distanz, Schwankung zwischen dem Befolgen der inneren Stimme (Gewissen), der subjektiven Eingebung (Intuition) und der elterlichen Wünsche (Suggestion). So hin und her gerissen haben sie es schwer, ihr Leben angstfrei und authentisch zu gestalten.

Klein Mary war mit ihrer Mutter am Strand. »Mammi, darf ich im Sand spielen?«
»Nein, Liebling, du machst nur dein hübsches Kleid schmutzig.«
»Darf ich denn im Wasser waten?«
»Nein, du wirst bloß naß und erkältest dich.«
»Darf ich mit den anderen Kindern spielen?«
»Nein, dann läufst du weg und ich finde dich nicht wieder!«
»Mammi, ich kauf mir ein Eis.«

»Das ist nicht gut für deinen Hals, Mary. Jetzt sei brav.«
Klein Mary begann zu weinen.
Die Mutter wandte sich zu einer Frau in der Nähe und
sagte: »Du lieber Himmel, haben Sie schon einmal so ein
neurotisches Kind gesehen?«

Wer nicht lernt, auf die eigene Stimme zu hören, kann nicht mehr fühlen

Es geht nicht darum, beliebig und willkürlich zu machen, wonach mir der Sinn steht. Zurückstellung eigener Impulse muß gelernt werden. Tatsächlich haben die meisten Menschen weniger Probleme mit der Anpassung, wenngleich sie auch dafür bisweilen einen unnötig hohen Preis zahlen. Sie haben aber Schwierigkeiten, zwischen den vorgegebenen Orientierungshilfen (»Du sollst ..., du mußt, du darfst nicht ...«) und den intuitiven Empfindungen (»Ich kann ..., will ..., möchte ..., fühle mich gedrängt ...«) in rechtem Maß auszuloten. Die Stimme des Gewissens ist hierbei eine Hilfe, aber zu große Ängste und Verunsicherungen übertönen sie bisweilen. Um mit Freud zu reden: Das Ich muß ständig seine Position finden zwischen Es und Über-Ich.
Wer auf die innere Stimme hören will, muß das Risiko eingehen, sich zu irren. Oftmals steht das Richtige gegen alle Logik und gegen alle Ratschläge der Mitmenschen. Beim Abwägen richtiger Entscheidungen können Außenstehende oft nicht helfen; es wäre fatal, wenn sich stets die Erwachsenen in die Entscheidungen der Kinder einmisch-

ten oder ihnen Entscheidungen abnähmen. Sie würden so niemals eigene Wege betreten, eigene Entscheidungen fällen und das Wagnis des Lebens anpacken können. Die Entschlußunfähigkeit vieler unserer Patienten ist eines der typischen Begleitsymptome ihrer Lebensangst. Da haben sich die Erzieher zu lange eingemischt und originelle Ideen von vornherein abgewürgt.

»Du wirst sehen, das geht schief!«
»Laß das. Du kannst das noch nicht!«
»Wenn's schief geht, haben wir den Salat.«
»Komm mir nur ja nicht mit dieser Idee!«
»Was glaubst du wohl, was der Chef mit dir machen wird, wenn du ihm das sagst?«
»Laß mal, ich mache das für dich.«

Solche Worte blocken ab. Sie berauben den Menschen jeder mutigen Eigeninitiative. Das Leben findet nicht mehr statt; der Mensch, eigentlich als Original geboren, wird zur Kopie.
Wie ermutigend und befreiend hören sich dagegen folgende Bemerkungen an:

»Versuch es! Mehr als schiefgehen kann es nicht.«
»Wenn es daneben geht, ist es keine Katastrophe. Es gibt noch andere Möglichkeiten.«
»Hör auf deine innere Stimme! Wenn du meinst, daß deine Entscheidung richtig ist, dann tu es!«
»Wehr dich, aber bleib fair. Du mußt dir aber auch im klaren sein, welchen Preis du zu zahlen hast. Jedenfalls stehe ich hinter dir.«

Wir müssen alle wieder lernen, spontan aus dem Gefühl heraus etwas zu wagen und nicht allein mit dem Kopf zu denken. Die Wirklichkeit ist zu komplex, als daß man sie nur mit dem Verstand bewältigen könnte.

Ein Bischof sagte mir einmal, ich möge mich als Psychotherapeut begnügen und nicht Priester werden wollen; diese Empfehlung sollte ich als eine Art göttliche Weisung akzeptieren. Da diese Empfehlung aber den inneren Frieden nicht brachte und ich intuitiv meine Berufung zum Priester jahrelang fühlte, ignorierte ich das bischöfliche Wort. Im Gegenteil: Ich betrachtete dieses Nein als Aufforderung, weiter zu kämpfen. Außerdem ahnte ich zutiefst, daß ich mein Ziel erreichen würde.

Ich werde mich aber hüten, die Intuition oder das Bauchgefühl als Imperativ allen Tuns hochzuschaukeln, wie das die Esoteriker tun. Es gibt ja auch irreführende Eingebungen und Ahnungen. Ohne Reflexion kann auch die Intuition auf Dauer nicht überleben. Die Gefahr ist zu groß, daß der Mensch einem Wunschdenken zum Opfer fällt.

Je besser man seine eigenen Stärken und Schwächen kennt, desto leichter kann man verhindern, daß diese die Intuitionen verfälschen. Ein gutes Maß an Selbstbewußtsein und Selbstkritik ist erforderlich. Und das wiederum ist Ergebnis einer Erziehung, die die Gefühle und spontanen Handlungen von Kindern ernst nimmt.

»Ich mag das Gemüse nicht. Mir wird schlecht.«
»Okay, dann laß es stehen!»
Anderntags: »Ich mag die Suppe nicht. Mir wird schlecht.«

»Gut, du mußt sie nicht essen.«
Am dritten Tag: »Der Fisch schmeckt mir nicht. Mir wird übel.«
»Du weißt, daß du nichts essen mußt. Niemand zwingt dich. Aber irgendwann bleibt nichts mehr übrig, was du noch gern essen möchtest. Denk mal darüber nach!«
Von da an zeigte das Kind keine Abwehr mehr. Es aß fast alles.

Ein anderes Beispiel:
»Bitte Melanie, hilf mir beim Abtrocknen.«
»Ich mag jetzt nicht.«
»Nun, du kannst das Geschirr auch später abtrocknen.«
»Ich will aber nicht.«
»Und warum nicht?«
»Darum nicht.«
»Das ist kein wirklicher Grund, Melanie. Wenn du nur zu faul bist, kann ich das nicht gelten lassen. Ich habe auch keine Lust zum Spülen, mache es aber trotzdem. Wenn wir beide nicht tun, was getan werden muß, dann haben wir bald keine sauberen Teller mehr auf dem Tisch. Ich bitte dich also, dein Teil beizutragen.«
Melanie gehorchte.

Hier lernt das Kind auf die Stimme der Eltern zu hören. Der Gehorsam wird leicht gemacht durch sachliche Argumente, durch ruhiges Eingehen auf die Gefühle des Kindes, aber auch durch die klare Forderung, eine Verweigerung vernünftig zu begründen. Wo immer aber Drohungen und Geschrei vorherrschen, wird das Kind nur aus Angst gehorchen. Auf durchdachte Entscheidungen sollte mehr Wert gelegt werden als auf blinden Gehorsam. Die Angst, Kinder könnten verwöhnt werden, wenn sie beispielsweise nicht alles essen müssen, ist unbegründet. Umgekehrt aber kann aufgezwungenes Essen zu einer lebenslangen Abwehr führen.

Das Weglaufen des 12jährigen Jesus hat auch eine psychologische Botschaft. Mit 12 Jahren beginnt die Pubertät; da müssen Eltern ihre Kinder allmählich loslassen können, schrittweise. Der Bub wird nach drei Tagen im Tempel gefunden und muß sich bittere Vorwürfe von seiner Mutter gefallen lassen. Er aber meinte, er müsse »in dem sein, was des Vaters ist«, eine Bemerkung, die seine Mutter ganz und gar nicht verstand. Psychologisch ist dieser Vorgang der Beginn einer Abnabelung und der Beginn, auf die innere Stimme zu hören. So etwas geht nicht immer ohne familiäre Auseinandersetzungen. Seine Mutter bewahrte all dies in ihrem Herzen. Eine deutsche Mutter hätte wahrscheinlich mit den Worten gedroht: »Komm mir mal nach Hause, Bürschchen. Dann kannst du was erleben!«

Unsere Erziehung, auch die Seelsorge vor Ort, ist noch zu sehr vom Kopf bestimmt. Die Gefühle und Leidenschaften bleiben auf der Strecke, weil sie verdächtig sind. Selbst die Apostel hatten ihre liebe Mühe mit der Seelsorge, weil sie sich zu sehr von der linken Gehirnhälfte bestimmen ließen. Links liegt die Ratio, der Intellekt. Rechts ist das Gefühl, der Instinkt, die Kreativität angesiedelt. Deshalb ruft Jesus ihnen zu: »Werft das Netz rechts aus!« Und tatsächlich: auf dieser Seite fingen sie eine Menge Fische. Rechts denken ist oft ein Querdenken, aber ein durchaus legitimes. So wurde auch der rechte Schächer am Kreuz rehabilitiert, weil er empathisch dachte: »Denk an mich, wenn du in dein Reich kommst!«

Frauen benutzen beim Zuhören beide Gehirnhälften. Sie hören mehr zwischen den Zeilen, während Männer nur links hören.

Widerspruch kann spontan erfolgen, rein emotional, wenn sich die Empörung Luft macht. Er kann auch überlegt erfolgen, wenn es klare Sachargumente zugunsten des Widerspruchs gibt. Die zweite Vorgehensweise ist natürlich die bessere. Beide sollten ernstgenommen werden, da viele Menschen in ihrer Empörung emotional reagieren, nicht rational. Da liegen meist persönliche Verletzungen und Demütigungen zugrunde. In unserer Heilenden Gemeinschaft lernen die Teilnehmer den zweiten Weg zu gehen, nachdem sie im ersten Anlauf ihrem Ärger Luft gemacht haben. Indem sie beispielsweise all ihre Verletzungen und erlebten Schädigungen in einem Brief an ihre Erzieher oder auch Ehepartner niederschreiben, holen sie auf sachliche Art nach, was bislang nur auf emotionaler Ebene ausgetragen wurde – oder auch nicht.

»Wenn einer etwas gegen dich hat, so stell ihn zur Rede. Wenn es ihm leid tut, vergib ihm!« (Lukas 17,3 f.)

Eigensinn und Eigenwille
stärken das Immunsystem

»Herr Pater, kann mein Sohn mal zu Ihnen kommen? Er
ist in letzter Zeit so eigensinnig und eigenwillig«, meinte
eine Mutter am Telefon. Ich antwortete etwas provokativ:
»Dann kommen Sie mal zuerst!«
Im vorliegenden Fall litt die Mutter unter dem zunehmen-
den Widerstand ihres jüngsten Sohnes. Im Gespräch kam
zutage, daß er sich von der angstbesetzten Fürsorglichkeit
der Mutter eingeengt fühlte; sie traf für ihn Entscheidungen, tadelte ihn, wenn er zu spät nach Hause kam, mischte
sich in seine privaten Angelegenheiten ein. Und rief mich
an, um ihren Sohn, der von nichts wußte, bei mir zurecht-
rücken zu lassen. Der Sohn war 17 Jahre alt.
Eigensinn und Eigenwille sind gesunde und wichtige
Merkmale. Untersuchungen fanden heraus, daß Exzentriker entspannter leben, weniger streßanfällig sind. Auch
Menschen mit ausgeprägtem Querdenken, mit Eigenwil-
ligkeit und Originalität sind dem Leben besser gewachsen
als angepaßte, passive und »brave« Zeitgenossen. Weil bei
diesen Leuten das Bedürfnis nach Unterordnung und
Gleichschaltung gering ist und sie sich nicht um ihr Image
sorgen (»was denken denn die Leute?«), sind sie unemp-
findlich dem Anpassungsdruck gegenüber. Fehlschläge
stecken sie weg und sie meiden Situationen, die von vornherein schief gehen; dadurch bleibt die Überproduktion
von Kortisol und anderen Streßhormonen aus. Sie leben
länger. Diese überraschende Erkenntnis gewannen David
Weeks 1996 und Aaron Antonovsky 1979 in einer Untersuchung über Exzentriker.

Wer sich stets unterordnet und dabei seine eigenen Bedürfnisse und Gefühle zurückstellt, wer vor allem Enttäuschungen und erlebte Willkür verdrängt, tut sich keinen Gefallen. Seine aggressiven Strebungen, ausgelöst durch wiederholte Frustrationen, entarten zu einer dauerhaften Feindseligkeit, die wiederum allzuoft hinter einer Maske von Freundlichkeit und Hilfsbereitschaft verdeckt wird. Die Folgen sind koronare Herzkrankheiten, Hypertonie, Gefäßverengungen usw.

Natürlich bedeutet das jetzt nicht, daß jeder Gehorsam krank machen würde. Der Gehorsam ist wichtig und ermöglicht sozialen Frieden. Aber die Frage stellt sich, mit welchen Mitteln, zu welchem Preis und wofür Anpassung gelebt wird. »Du hast zu tun, was ich dir sage. Und du hast es zu tun, weil ich es dir sage«, ist der dümmste Spruch, den ich je gehört habe. Wenn nicht einmal der Befehlende plausible Argumente für seine Befehle hat, darf er nicht erwarten, daß der Befehlsempfänger funktioniert. Die alltägliche familiäre und schulische Pädagogik ist schließlich kein militärischer Drillplatz.

Wer jahrelang als Kind und Jugendlicher widerspruchslos Wünsche der Erwachsenen zu erfüllen hat, wird auf Dauer demoralisiert. Er lebt sein Leben nicht und gerät langsam in eine gedrückte Grundstimmung, gepaart mit geringem Selbstwertgefühl, Hoffnungslosigkeit und diffusen Ängsten. Solche Menschen denken: Widerstand ist zwecklos.

Herr F. leidet unter den hämischen Bemerkungen eines Kollegen im Großraumbüro. Er weiß sich nicht zu wehren, überhört solche Kommentare, geht raus, läuft rot an, zittert. In verschiedenen Übungen spielen wir typische Situationen durch. Vielen Leuten geht es so. Während eines solchen Rollenspiels, in dem Herr F. kein Wort herausbekommt und sich nicht gegen den Kollegen, dessen Rolle ich übernahm, zu wehren wußte, schrie mich plötzlich eine Teilnehmerin aus der Runde an: »Glaubst du vielleicht, du wärst was Besseres, hm? Du willst doch nur dein lädiertes Image auf Kosten dieses Kollegen aufpolieren, du bist ein ganz mieses, kleines Schwein. Spiel dich nicht so auf! Wenn ich der Kollege wäre, ich hätte dich schon längst aus dem Raum geworfen, daß du es weißt. Typen wie dich habe ich gefressen.«

Sie war völlig außer sich. Natürlich meinte sie nicht mich, sondern diesen hämisch feixenden Kollegen, den ich spielte. Ihr selbst wurde in diesem Spiel erst bewußt, welche Aggressionen sie gegen ihre Chefin hatte. Aber auch sie wagte bisher nicht, so deutlich aufzutreten.

Ich selber war kein pflegeleichtes Kind. Ich wehrte mich. Und da meine Stärke im Mundwerk liegt, zeigte ich im Lauf der Jahre eine zunehmende verbale Schlagfertigkeit. Ich habe erfahren, daß jeder, der sich entschlossen wehrt und begründeten Widerstand zeigt, Respekt bekommt. Also das Gegenteil dessen, was ängstliche Mitmenschen immer meinen, wenn sie vom möglichen Verlust ihres Gesichts, ihres Ansehens reden. Wer nur kuscht, wird mitschuldig. Außerdem verliert er langsam seine Würde. Bewundert werden hingegen jene, die Paroli bieten, vor allem in Ruhe Sachargumente vorbringen können und notfalls die nächst höhere Instanz bemühen. Man muß kämpfen können. Werden Kinder heute dazu erzogen, sich gegen Unrecht zu erheben, notfalls dafür Prügel zu beziehen, aber immerhin sich ihrer Würde bewußt zu sein?

Eigensinnige Kinder sind meist gesunde Kinder. Sobald sie ihren Sinn durch fremden ersetzen, hört ihr Leben auf. Wer jedoch nur auf Sicherheit bedacht ist, wird sich kaum erheben. Er wird die Schätze des Lebens nicht entdecken; er wird seine Talente verstecken und dadurch schuldig werden.

»Es gibt keine absolute Sicherheit im Leben«, sagte der Meister. Und erzählte folgende Begebenheit: Ein Statthalter galt als rechter Hasenfuß. Überall vermutete er Gefahren, Hinterlist, Attentäter. Nur einem Leibwächter wagte er sich anzuvertrauen. Der Fürst des Nachbarlandes sah in der Feigheit des Statthalters seinen Vorteil. Also rüstete er sich zum Kampf. Als der Statthalter das hörte, zog er alle Soldaten zusammen, verschanzte sich in der Burg und schloß die Tür zu seinem Gemach. Doch die Feinde drangen in die Burg ein. Jetzt stieg der Statthalter in eine schwere Truhe und verlangte von seinem Leibwächter: »Schließe die Truhe von außen gut ab und verstecke den Schlüssel im hintersten Winkel meines Gemachs. Schließe auch die Tür zu.« Dies tat der treue Leibwächter. Dann wehrte er sich heftig gegen die anstürmenden Feinde und fiel im Kampf. Die Schlüssel wurden zufällig Jahre später entdeckt. (Norbert Lechleitner: Flügel für die Seele. Freiburg 1998, S. 91)

Nicht immer ist Anpassung Klugheit, sie kann auch Lebensverweigerung sein

Vielleicht werden Sie jetzt erstaunt fragen, was ich denn gegen eine Anpassung habe; es gibt doch genügend Menschen, die keine Probleme damit haben und Bedenken gegen den Gehorsam eher als Aufruf zur Destabilisierung auffassen. Nun, ich habe nichts gegen notwendige Unterordnung; sie garantiert die soziale und politische Sicherheit. Ich wehre mich gegen autoritäre Methoden und gegen unlautere Motive. Anpassung aus Einsicht und Rücksicht ist völlig in Ordnung. Eine Anpassung aus Angst und Feigheit hingegen, also ein Gehorsam gegen das eigene Gewissen, ist gefährlich. Was geschieht, wenn sich Kinder und Jugendliche nicht anpassen? Sie müssen fürchten, die Zuneigung der Eltern zu verlieren. Die dadurch ausgelösten Trennungsängste verhindern den Aufbau eines widerstandsfähigen moralischen Selbstbildes. Es kann zu einer unbewußten Hörigkeit führen, die manche Erzieher fälschlicherweise als Tugend und als Ergebnis ihrer guten Erziehung betrachten. In Wirklichkeit sind solche überangepaßten Menschen im Über-Ich gefesselt und nicht mehr imstande, eigene Ideen durchzusetzen, nein zu sagen, originelle Wege zu gehen.
Den Mangel an Eigeninitiative, auch das Fehlen einer menschenfreundlicheren Gesetzesauslegung erfahren wir tagtäglich in den Stuben der bürokratischen Verwaltung. Killerphrasen wie: »Wo kommen wir denn hin, wenn alle so denken wie Sie?« oder »Das gab's noch nie. Ich hab meine Vorschriften«, zeugen von den Ängsten der Angestellten, den bescheidenen Freiraum in der Handhabung

der Gesetze auszuschöpfen. Es gibt sie, die wenigen zivil-couragierten und sozial engagierten Beamten, die nicht einsehen können, wieso Asylbewerber nach zwanzig Jahren plötzlich heimgeschickt werden sollen.

Ein Polizist drückte ein Auge zu, als ein Passant bei Rot über die Straße ging. Schließlich war weit und breit kein Auto zu sehen; es gab nicht die geringste Gefahr. Das sah ein Kollege, der prompt den Vorgang meldete. Der augenzudrückende Polizist dachte und handelte vom gesunden Menschenverstand her (»die Polizei, dein Freund und Helfer«), während der Kollege rein gesetzlich dachte (die Polizei: »mein Freund, ich helf dir!«). Man könnte auch sagen, der eine benutzte beide Gehirnhälften, der andere nur die linke.

Gesetzlichkeit oder Moralismus pur sind lebensfeindlich. Sie verhindern eine situationsangemessene und dynamische Verhaltensweise. Im Grunde bedeutet dies nichts anderes als Angst vor der Freiheit. Man könnte ja falsch handeln, schuldig werden, eine Rüge bekommen. Da sei das Gesetz vor!

Tatsächlich hat uns Gott soviel Freiheit gegeben, daß wir mir ihr sehr viel anfangen können. Doch weil wir Angst vor soviel Freiheit haben, haben wir sie eingeschränkt und in unüberschaubare Paragraphen eingezwängt. Die Ängstlichen brauchen das; die Mutigen jedoch empfinden dies als Qual. Daß es da noch die Kriminellen und chronischen Gesetzesübertreter gibt, ist eine andere Sache. Ich spreche nicht von willkürlichen und beliebigen Auslegungen, auch nicht von egoistischen Verhaltensweisen. Ich rede von der Lebensfreude und Weite Gottes, die uns auffordert, das Leben zu wagen, die Fähigkeiten einzusetzen,

Neues zu probieren, Menschen vor falschen Gesetzen zu schützen, Leben zu retten und dafür notfalls Gebote zu übertreten. Denn Liebe und Klugheit stehen über sämtlichen Gesetzen.

Herr T. saß 14 Jahre lang im Gefängnis. Jetzt am Tag seiner Entlassung bekommt er Angst vor dem Leben draußen. Er tut alles, um im Gefängnis zu bleiben. Es ist sein Zuhause geworden. Also begeht er draußen wieder einige kleinkriminelle Taten, die ihm bis auf weiteres Schutz hinter den Mauern sichern. Er lebt angepaßt innerhalb des Gefängnisses, vermag sich aber nicht außerhalb der Mauern anzupassen. Er hat es nicht gelernt.

Frau Brückner aus Suhl frisiert ihre Kunden nach Geschäftsschluß, um die Einnahmen ausschließlich einer Kinderkrebsklinik zu schenken. Das ist ein Verstoß gegen das Ladenschlußgesetz. Die Presse bringt sie groß als Mondscheinfriseurin heraus. Da reagiert die Behörde mit einer Anzeige und Frau Brückner muß eine Geldbuße in Höhe von 500 DM zahlen. Sie weigert sich. Als sie den Offenbarungseid leisten sollte, weigert sie sich wieder. Also folgt eine Haftstrafe von 5 Tagen. Sie geht ins Gefängnis. Der gesunde Menschenverstand empört sich darüber und die Behörde entläßt Frau Brückner nach einem Tag. Minister Norbert Blüm begibt sich demonstrativ zu Frau Brückner, um sich ebenfalls seine Haare schneiden zu lassen. (Süddeutsche Zeitung, August 2000)

Wer rein gesetzlich denkt, handelt meist überzogen, lebensfeindlich und allzu oft auch arrogant. Es widerspricht sämtlichen Anliegen Jesu. Aber wie gesagt: Manche müssen eine ungeheure Angst vor der Freiheit haben.

In welcher Lehrplankommission haben Schüler ein Mitspracherecht? Wo bleiben die jugendlichen und erwachsenen Kirchgänger, wenn es um die Auswahl von Liedern und Texten im neuen Gesangbuch geht? Da zeigen die evangelischen Christen mehr Mitsprache als die Katholiken. Wo nur Fachkommissionen das Sagen haben, besteht die Gefahr einseitiger Beschlüsse, theoretischer und lebensfremder Ergebnisse, farbloser Entschlüsse.

Ein Pfarrer möchte in seiner Gemeinde die Vielfalt an Gebetsgruppen fördern. Es gibt den charismatischen Gebetskreis, eine Fokolare-Bewegung, eine Taizé-Gruppe und einen Schönstatt-Kreis. Zuletzt entstand noch eine sehr aktive Jugendgruppe »Emmanuel«. Der Pfarrgemeinderat hingegen stemmt sich heftig gegen die charismatische Gebetsgruppe, weil diese einen zu starken Einfluß auf die Gemeinde haben könnte. Man will ihr den eigenen Gottesdienst in der Kirche verweigern, vor allem wegen der Heilungsgebete, die ja doch nur überhöhte Erwartungen züchten und dann Frustrationen fördern. Der Pfarrer kommt mit Sachargumenten nicht dagegen an. Der Gemeinderat blockt ab.

Mißverständnisse, persönliche Verletzungen, auch Neid und Eifersucht spielten bei der Ablehnung eine Rolle, wie sich später herausstellte. Nicht alle waren dagegen; aber sie hatten Angst vor möglichen Repressalien. Hinterher gaben sie dem Pfarrer Recht.

Dieses Nachschieben der persönlichen Sympathie oder Meinungsübereinstimmung erlebe ich häufig. In manchen Diskussionen werde ich wegen meiner Glaubensüberzeugung stark angegriffen. Es scheint, als ob im Publikum keiner auf meiner Seite stünde. Alles nur Gegner? Nein, hinterher bekundet die Mehrheit ihre Gefühle, ihre Meinung und gratuliert mir zu meiner Haltung. Sie war aber nicht in der Lage, in die Diskussion einzugreifen, weil sie entweder keine sachlichen Argumente wußte oder weil sie einfach Angst hatte, der Diskussion nicht standhalten zu können. So schwieg sie und litt vor sich hin. Klugheit ist dies nicht, sondern Feigheit.

Einige Bischöfe halten sich bedeckt in strittigen Fragen der Ethik und des Glaubens, auch in Fragen der Befreiungspastoral. Sie sagen, ihr Schweigen geschähe aus Klugheit. Ich weiß aber, daß auch die Angst vor den Medien da ist. Sie haben schlichtweg Angst, in den Medien zerrissen zu werden. Und so bewegt sich auch nichts. Die Kirche ist insgesamt schüchtern geworden; es fehlt ihr der Schwung, der Mut, die Provokation, die Jesus noch zeigte.

Hat früher Jesus im Boot geschlafen und seine Jünger waren besorgt, so schlafen heute viele Jünger, während Jesus besorgt ist.

Ein Soldat bittet seinen Vorgesetzten um die Erlaubnis, seinen im Schlachtfeld liegenden Freund zu holen.
»Abgelehnt«, sagte der Offizier. »Ich will nicht, daß Sie Ihr Leben aufs Spiel setzen für einen Mann, der wahrscheinlich tot ist.«
Der Soldat machte sich trotzdem auf die Suche und brachte, selber tödlich verwundet, seinen Freund mit. Der

Offizier tobte. »Ich habe Ihnen gesagt, er sei tot. Jetzt habe ich Sie beide verloren. Und das alles wegen einer Leiche!«

Der sterbende Soldat antwortete: »Es hat sich gelohnt, Sir. Als ich ihn fand, lebte er noch. Und er sagte zu mir: Ich wußte, Jack, daß du kommen würdest.« (Anthony De-Mello: Zeiten des Glücks. Freiburg 1994, S. 84)

Wer wie Jesus sein will, muß den Mut haben, sich unbeliebt zu machen

Jesus scherte sich wenig darum, was die Leute über ihn dachten; er provozierte mit manchen Aussagen und Handlungen, nicht um der Provokation willen, sondern um der Wahrheit willen. Ihm ging es in erster Linie um den Vollzug der Liebe und Barmherzigkeit, in zweiter Linie um die Erfüllung der Gesetze; »denn die Gesetze sind für den Menschen da, nicht umgekehrt!« Er verteidigte die Armen, hielt zu den reuigen Sündern, half den Kranken, hatte Umgang mit Frauen und mit Ausgestoßenen. Wenn ihn der heilige Zorn packte, wurde er sehr verbindlich. Denken wir nur an den Vorfall im Tempelvorhof, wo er die Verkäufer anschrie und die Tische umwarf. Denken wir an seine Reaktionen den Fangfragen gegenüber, die ihm die Pharisäer stellten. Denken wir an seine harschen Worte dem ungläubigen Jerusalem gegenüber.

Nein, das Christentum ist keine nette Gebrauchsanweisung für das soziale und karitative Verhältnis der Menschen untereinander; es kennt Wahrheiten und Postulate, die uns einiges abverlangen, vor allem Mut und Protest dort, wo die menschliche Würde verhöhnt wird.

Was meinen Sie, wie Jesus reagiert hätte angesichts der Verunglimpfung der Religion im Deckmantel der künstlerischen Freiheit? Nach Sigmund Freud ist der Verlust der Scham der Beginn des Schwachsinns. Wenn dies stimmt, dürften etliche Autoren, Regisseure, Künstler und Happening-Akteure ein Fall für den Psychiater sein. Wo blieben die Proteste der Christen, der Bischöfe, als der blasphemische Film »Das Liebesleben des Jesus Christus« in den Kinos lief? Nicht Christen haben protestiert, sondern zunächst einmal der islamische Weltkongreß.

Wenn der Papst als Esel im Stall zu sehen ist (Gag-Festival 1965 in Berlin), wenn ein gekreuzigtes Schwein auf Golgatha zum Kunstobjekt wird, wenn die taz am 18. 4. 87 über Jesus schreibt, er sei ein »gut abgehangenes Stück Fleisch«, dann müssen sich die Stimmen der Menschen erheben. Protest, Boykott und klare Absage müssen folgen. Das wäre im Sinn Jesu gewesen.

Mir scheint, das, was sich da als Tugend der Toleranz aufdrängt, ist in Wahrheit das Laster der Gleichgültigkeit. Christen sollten das Salz der Erde sein, eben weil nicht alles in Ordnung ist und weil es ohne Salz ziemlich schal ist in dieser Welt. Doch der überstrapazierte Ruf nach Ordnung und Unterordnung, verstärkt durch eine übergestülpte Autoritätsangst, sowie der falsch verstandene biblische Auftrag zur Vergebungs- und Friedensbereitschaft, haben das Salz selbst schal werden lassen. Mein Denken ist weit weg von irgendwelchen fanatischen, rechthaberischen Denkmustern; die Vorgehensweisen der radikalen islamischen Bewegungen kann ich nicht gutheißen. Dieser Aufstand hat nichts zu tun mit Zivilcourage oder mit religiös verstandenem Widerstand; er ist Ausdruck eines Machtanspruchs über Menschen.

Seit Jesus braucht eine Minderheit keine Minderwertigkeitskomplexe mehr zu haben; seit Jesus müssen wir uns nicht alles bieten lassen. Das Hinhalten der anderen Wange bedeutet Verzicht auf Gewalt und Angriff, nicht Stillhalten und Hinnehmen von Unrecht um jeden Preis.

Würde Jesus bei Shell tanken, wenn er wüßte, daß dieser Konzern erhebliche Umweltverschmutzungen betreibt? Würde er bei Adidas Schuhe kaufen angesichts der Kinderarbeit, die der Konzern duldet? Würde er im argentinischen Steakhouse essen gehen, wenn er wüßte, daß der Betreiber riesige Urwälder abholzt, um seine Rinder zu weiden? Diese Liste könnte man beliebig fortsetzen. Manchmal ist es fast gut, daß wir nicht alles wissen, sonst müßten wir aus dieser Welt auswandern.

Mangelnde Information, Bequemlichkeit und blinder Gehorsam werden gestützt durch verzerrte Wertvorstellungen. Wer angeleitet wurde, sich stets brav unterzuordnen, gibt seine Verantwortung ab. Ich kann ja dann keinen Fehler machen, denn die Obrigkeit trifft für mich Entscheidungen. Um ungehorsam zu sein, muß man den Mut haben, zu irren, zu sündigen und allein da zu stehen.

»Die da oben werden es schon machen«, lautet die Devise. Oder: »Da kann man nichts machen.« Wirklich? Genau dies hat Jesus abgelehnt. In seinen Erzählungen vom Samenkorn, vom Senfkorn, von der beharrlich bittenden Witwe zeigt er auf, wie wichtig kleine Schritte sind. Was die geduldige Liebe alles vermag. Und wie stark der Glaube sein kann.

»Angeklagter«, sagte der Großinquisitor, »Ihnen wird vorgeworfen, Menschen ermutigt zu haben, Gesetze, Traditionen und Regeln unserer heiligen Religion zu brechen. Was sagen Sie dazu?«

»Ich bekenne mich schuldig, Euer Ehren.«

»Sie werden beschuldigt, des öfteren in Gesellschaft von Ketzern, Prostituierten, Sündern und anderen fragwürdigen Gestalten gesehen worden zu sein. Stimmt das?«

»Ich bekenne mich schuldig, Euer Ehren.«

»Man wirft Ihnen vor, öffentlich jene kritisiert zu haben, die in der Kirche Gottes an oberste Stelle gesetzt wurden. Was sagen Sie dazu?«

»Schuldig, Euer Ehren.«

»Wie heißen Sie, Angeklagter?«

»Jesus Christus, Euer Ehren.«

(Anthony DeMello: Warum der Schäfer jedes Wetter liebt. Freiburg 1988, S. 118)

Jesus kam, um das Gesetz zu erfüllen. Und dennoch gab es Momente, wo er die Gesetze brach. Wie ist das zu verstehen? Nun, eine Gesetzeserfüllung an sich ist wertlos; Gottes Ruf kann durchaus über das Gesetz oder gar gegen das Gesetz ergehen. Der Gehorsam muß im Rahmen »einer personalen Beziehung des Hörens auf Gott, des Empfangens seiner Liebe und der antwortenden Lebenshingabe« stattfinden, so Gisbert Greshake. Ich kann mein Leben auch verfehlen, wenn ich jedes Gesetz halte aus Angst vor meiner Eigenverantwortung, aus einer erstarrten Buchstabentreue heraus.

Zu viele haben Angst vor der Freiheit:
Sie könnten Fehler machen

Wer ohne Sünde ist, werfe den ersten Stein. Ein bekannter Satz Jesu. Er hat an Aktualität nichts eingebüßt. Wer heute ein hohes Amt innehat, muß schauen, daß er eine weiße Weste hat: Wehe, seine Gegner finden etwas Anstößiges in seiner Vergangenheit. Er wird gnadenlos gesteinigt, es wird »brutalstmöglichst« aufgeklärt. Was sich im Fall Joschka Fischer, Jürgen Trittin und Helmut Kohl abgespielt hat, zeigt wieder einmal mehr, wieviel schlimmer doch die Empörung der »Gerechten« sein kann als die Schuld der Sünder.

Nach diesen Maßstäben könnte heute ein Augustinus niemals Bischof werden. Selbst Reue und Einsicht über vergangene Schuld mit anschließender Umkehr gelten nichts in den Augen derer, die hochnotpeinlich über die Fehltritte der Politiker und anderer zu Gericht sitzen. Weg mit ihnen, ans Kreuz mit ihnen! Mit »political correctness« hat dies nichts mehr zu tun.

Dabei hat kaum einer von ihnen eine reine Weste. Zweifellos wird hier hoch gepokert, stehen doch immer Wahlen vor der Tür. Warum sollte Joschka Fischer nicht Minister bleiben? Hat er nicht aus seinen Fehlern gelernt? Hat er nicht allen anderen »braven« Politikern wichtige Erfahrungen voraus? Die SPD-nahe Süddeutsche Zeitung mußte zähneknirschend feststellen, daß von allen Politikern des Jahres 2001 ausgerechnet Fischer der einzige mit einer interessanten, bunten und bewegenden Biographie ist. (Vgl. Meldung vom 8. 3. 2001) Alle anderen seien farblos, fast langweilig. Und ist eine Sünde, an der ich wach werde, nicht wertvoller als eine Tugend, an der ich einschlafe?

Es war die Haltung der scheingerechten Pharisäer, die Jesus heftigst anprangerte. Selbstgerechtigkeit, Heuchelei und Demoralisierung der Schuldigen sind nach wie vor schlimme Vergehen; nur merkt es kaum einer. Es gibt Momente, in denen ich Gott für meine Fehler und Sünden danke, weil sie mich das Leben lehrten und weil sie in mir ein tieferes Verständnis für die anderen Sünder weckten. Das Christentum ist in erster Linie eine therapeutische Religion, in zweiter Linie eine moralische. Das haben wir alle vergessen.

Es geht nicht um den Zeigefinger; es geht um die hingestreckte Hand. Wann endlich begreifen wir das?

Ich würde sehr gern einmal im Bundestag die Seligpreisungen in moderner Fassung vortragen:

Selig die Sünder, die um Vergebung bitten und dennoch von den Menschen verurteilt werden; denn sie erlangen Barmherzigkeit.

Selig die Gläubigen, die meinen Namen verteidigen, der unter dem Deckmantel der Freiheit und Kunst verhöhnt wird; denn auch sie werden verteidigt werden.

Selig die Verantwortlichen in Staat und Kirche, die schwangeren Frauen Hilfe zukommen lassen, damit sie nicht abtreiben; sie werden einst das ewige Leben erhalten.

Selig die Menschen, die für das Recht eines Mitmenschen eintreten und gemobbt werden; denn auch sie werden Beistand erhalten.

Selig die Mutigen, die ihrem Gewissen folgen und dafür Angriffe und Unrecht erfahren.

Selig die Schwachen, die sich nicht wehren können, weil sie es nie lernen durften.
Selig seid ihr, wenn ihr Verfolgte aufnehmt und mit ihnen euer Leben teilt; denn euer Lohn wird groß sein im Himmel.

Wer sich selbstgerecht über andere erhebt, ist entweder ein Heuchler oder er glaubt an seine tatsächliche Echtheit, die Ergebnis einer langen Schuldverdrängung ist. »Der Heuchler hört irgendwann auf, Heuchler zu sein ... Wenn einer sehr lange und hartnäckig etwas *scheinen* will, so wird er es zuletzt *sein*.« (Friedrich Nietzsche)

Ein älterer Herr, Angehöriger einer Freikirche, inzwischen verstorben, kommt eines Tages in großer Besorgnis und Trauer zu mir. Sein Sohn, von Geburt an behindert, ist im 37. Lebensjahr gestorben. Was ihn nun aus der Fassung brachte, war nicht der Tod seines Sohnes, sondern der Brief eines sehr frommen Mitglieds seiner Kirche. Darin stand: »Kehre um und gehorche Gott wieder; denn Gott hat deinen Sohn genommen, weil du ungehorsam bist.« Auf der Rückseite war der Satz aufgedruckt: »Gott ist voll Langmut und Erbarmen.« Der Mann weint. »Was habe ich denn getan? Ich habe fast die ganze Gemeinde gegen mich, weil ich bei einem Beschluß im Gemeinderat anderer Meinung war. War ich denn ungehorsam?« Ich möchte hier auf konkrete Inhalte nicht eingehen; jedenfalls war die ganze Angelegenheit geradezu lächerlich. Der Mann fuhr fort: »Herr Müller, es darf keiner erfahren, daß ich bei Ihnen war. Das wird mir wieder als Untreue und Ungehorsam ausgelegt. Sie sagen, wer Rat braucht, geht zu Gott, nicht zu einem Psychologen.«

Bei solchen und ähnlichen Vorkommnissen steigt mein Adrenalinspiegel. Die Auslegung des frommen Nachbars war wohl mehr eine Zurechtlegung. Hier wird deutlich, was ungeprüfte und moralistisch gefärbte »Erkenntnis« des göttlichen Willens anrichten kann. Mit dem Hinweis auf Gehorsam wird viel Unrecht zugefügt, auch Gott. Dabei bin ich mir völlig im klaren, daß der Briefschreiber an seiner eigenen Moralität nicht im geringsten zweifelt. Da kann ich nur hoffen, daß Gott solche Menschen einmal tief in Schuld fallen läßt, damit sie sich der Gnade Gottes und ihrer eigenen Erbärmlichkeit gründlich bewußt werden.

Einmal erhielt Rabbi Abraham Jaakob Besuch von einem Mann, der sich in einem Strom von Entrüstung über einen Mann erging, der eine schwere Schuld begangen hatte. Der Rabbi warf ihm einen strengen Blick zu und sagte: »Ich habe den Eindruck, du hast mehr Vergnügen daran, die Sünden eines anderen aufzuzählen, als er es hatte, während er sie beging.« (Smuel A. Hacohen: Ratlos war der Rabbi nie. Gütersloh 1981, S. 71)

Nun entspringt nicht jede Kritik der Scheingerechtigkeit. Es gibt notwendige und heilsame Kritik. Ich muß nicht mit allem einverstanden sein. Hier erweist sich allzuoft ein anderes Ärgernis: Zu viele Leute treffen nicht den richtigen Ton. Ich kann die Wahrheit sagen, sollte sie aber dem Gegenüber nicht wie einen nassen Lappen ins Gesicht klatschen, sondern wie einen Mantel um die Schulter hängen. Ich selber werde reichlich eingedeckt mit Prügeln von frommen Leuten. Wenn ich nur daran denke, welche unterschiedlichen Reaktionen der Dialog Don Camillos mit Jesus über die Wiederverheiratung Geschiedener ausgelöst hat (Don Camillo spricht mit Jesus. Steinkopf, S. 42)! Einige Leser glaubten darin erkennen zu können, ich plädiere für eine generelle Wiederverheiratung Geschiedener. Das steht aber nicht drin. Ich bin für die Barmherzigkeit. Nun steht jedem zu, Kritik zu üben. Allerdings erwiesen sich die Beschwerden der meisten Leser als höchst lieblos, manchmal verletzend und inquisitorisch. Lediglich zwei zeigten Humor und bedankten sich im übrigen für die anderen Dialoge in diesem Buch. Ich kam mir manchmal vor wie ein Häretiker, der kurz vor dem Scheiterhaufen steht. Wohlgemerkt: es handelt sich nicht um irgendwelche Wüteriche, sondern um Christen, die in ihrer Angst um die Orthodoxie der Kirche auf mißverständliche oder unzureichend ausgeführte Aussagen hinwiesen. Das dürfen sie. Nur der Ton war daneben. (Im übrigen kennt die orthodoxe Kirche den Segen für eine zweite Partnerschaft, wobei sie den Satz »bis daß der Tod euch scheidet« auf den Tod der Liebe bezieht. Sie anerkennt die menschlichen Grenzen, will aber Geschiedene nicht im Regen stehen lassen. Diesbezüglich sind auch in der katholischen Kirche Gespräche im Gang.)

Man warf mir Ungehorsam der Kirche gegenüber vor. Große Empörung machte sich breit angesichts dieser Aussage. Ich wurde wiederholt ausgeladen. Man bat mich, alle Bücher mitzubringen, nur dieses eine nicht. Eine Dame versuchte mich zu erpressen, indem sie ihre Präsenz überall dort verweigern würde, wo ich auftreten sollte. Es sei denn, ich ändere den Text.

Inzwischen habe ich ihn durch einen neuen Dialog ersetzt: Camillo spricht mit Jesus über die Frommen. Ich habe lange gerungen, ob es nun Klugheit ist oder Feigheit, diese Passage zu streichen. Meine Freunde meinen, es sei feige. Vielleicht haben sie Recht.

»Eine religiöse Überzeugung«, sagte der Meister, »ist keine Aussage über die Wirklichkeit, sondern nur ein Hinweis auf etwas, das ein Geheimnis darstellt. Manche Leute kommen über das Studium des Fingers nicht hinaus, des Fingers, der auf die Sonne zeigt. Andere lutschen an ihm, wieder andere drücken sich damit die Augen zu. Das sind jene, die die Religion blind gemacht hat. Selten sind diejenigen, die den Finger weit genug von sich halten, um zu sehen, worauf er zeigt – es sind jene, die der Blasphemie bezichtigt werden, weil sie über Glaubensüberzeugungen hinausgegangen sind.« (Anthony DeMello: Zeiten des Glücks. Freiburg 1994, S. 175)

Scheingerechtigkeit ist nicht immer Heuchelei. Sie kann auch bedeuten, daß jemand sich im Recht glaubt und dabei gute Gründe nennt. Er *scheint* im Recht zu sein. Näher betrachtet entpuppt sich seine Meinung jedoch als irrig. Mehrmals wöchentlich fragen bei mir besorgte Christen an, ob es stimme, daß Autogenes Training, Kinesiologie, Homöopathie, Akupunktur, Familienaufstellung u. a. okkulter Art und daher gefährlich seien. Die Quelle dieses angstbesetzten Denkens liegt im Fundamentalismus, in einem oft biblizistischen und magischen Denken. Hier wird der Bereich der Schöpfung eingegrenzt auf Plausibilität, und alles, was nicht erklärbar ist, auch was aus dem östlichen Raum kommt, ist verdächtig. Da wird dem Teufel mehr Raum gegeben als Gott. Bei diesem Weltbild müßte auch der Weihrauch verboten sein, da er aus dem heidnischen Raum stammt. Ebenso darf der Alkohol nicht mehr akzeptiert werden, da er zu Abhängigkeit führen kann. Fehlende Sachkenntnis, gepaart mit ängstlichem Glauben (Angst vor der Sünde, vor dem Teufel), verstärkt durch negative Erfahrungsberichte, trüben den Verstand. Alles kann mißbraucht werden und Schaden anrichten.

Die oben genannten Dinge sind keineswegs abzulehnen; es kommt darauf an, wer sie und wie er sie einsetzt. Ich habe darüber in meinem Buch »Zur Unterscheidung der Geister« und »Hätten Sie's gewußt?« (J. F. Steinkopf Verlag) das Nötige gesagt.

Es ist wahr: Viele Menschen haben Angst vor der Freiheit und suchen nach Absicherungen. Sie wagen nichts, weil sie etwas falsch machen könnten. Ihr Gottesbild liegt schräg. Was Gott wirklich mißfällt, sind nicht unsere Sünden und Fehler, die wir machen, wenn wir das Leben wagen, sondern unser Mißtrauen ihm und dem Leben gegenüber.

Nicht die Verschiedenheit unserer Dogmen richtet Schaden an, sondern unser Dogmatismus. Gewißheit ist von Übel. Der geistliche Mensch kennt Ungewißheit, einen Geisteszustand, der dem religiösen Fanatiker unbekannt ist.

Es gibt keine transzendierende Macht, die des Menschen Fragen und Probleme löst. »Der Mensch muß die Verantwortung für sich selbst akzeptieren und sich damit abfinden, daß er seinem Leben nur durch die Entfaltung seiner eigenen Kräfte Sinn geben kann … das Suchen nach einem Sinn wird durch den Wunsch nach Gewißheit und Sicherheit sogar erschwert. Ungewißheit ist gerade die Bedingung, die den Menschen zur Entfaltung seiner Kräfte zwingt.« (Erich Fromm: Psychoanalyse und Ethik. Bd. II, Stuttgart 1980, S. 33)

Die alten Griechen lehrten noch die Tugend der Epikie

Jesus heilte am Sabbat einen Kranken und verstieß damit gegen das damals geltende Gesetz der Sabbatruhe. Er erlaubte seinen Jüngern, am Sabbat Ähren abzureißen und die Körner zu essen, weil sie Hunger hatten. Er wusch sich nicht immer die Hände vor dem Essen und verstieß gegen die Reinheitsvorschriften. Er tat immer wieder Dinge, die er nicht hätte tun dürfen – laut Gesetz. Doch für ihn gab es in manchen Situationen Wichtigeres als die Einhaltung von Ge- und Verboten. Die Hilfe für andere hatte Vorrang. Das sahen die Gesetzeslehrer und Schriftgelehrten nicht ein.

Jeder weiß, daß er nicht stehlen darf. Kardinal Frings aus Köln erlaubte den Armen während der Kriegszeiten das nächtliche Entwenden von Briketts aus den Güterwaggons, um sich damit ihre kalten Zimmer zu wärmen. Das war strafbar. In manchen Lexika finden wir heute den Begriff »fringsen« für das Stehlen lebenswichtiger Güter in Notzeiten. Dabei ist die Abgrenzung zum Mundraub nicht immer klar.

Jeder weiß auch, daß er nicht lügen soll. Wenn er aber nur mit einer faustdicken Lüge ein Menschenleben retten kann, muß er es wohl tun. Wie viele retteten Juden mit Hilfe einer Lüge!

Der Lehrer, der den Schüler fragt: »Hat dein Nachbar Michael bei dir abgeschrieben?« macht sich schuldig, denn er bringt den Schüler in eine arge Verlegenheit. Möglicherweise lügt der Befragte nun, um Michael zu schützen. Fragt nun der Lehrer den Michael: »Hast du abgeschrieben?« wird Michael seinerseits lügen müssen, um den Nachbar, der ihn schützte, zu schützen. Es gibt eben Fragen, die wir nicht stellen sollten.

Eine Mutter darf nicht fragen, wen ihre Daniela denn lieber hat, den Papa oder die Mama. Das Kind wird vielleicht lügen müssen, um keinen von beiden zu verletzen.

Auch der handelt richtig, der ein Gebot verantwortlich übertritt. Das ist die alte stoische Tugend der Epikie. Sie ist Situationsethik und stellt die Liebe und die Klugheit über die Wahrheit. Sie ist dann rechtens, wenn durch sie kein nennenswerter Schaden angerichtet wird. (Vgl. Matth 10,16: »Seid klug wie die Schlangen ...«)

Im Bus der Linie 12 war es eng. Ein Mädchen mit dunklen Haaren, schwarzen Augen und brauner Haut, vielleicht 12 Jahre jung, stand mitten im Gedränge der Menschen. In einer Kurve fielen die Menschen aufeinander und wurden durchgeschüttelt. Plötzlich schrie eine Frau, die neben dem Mädchen stand: »Sie hat mich gestoßen, das freche Ding, das ausländische, hat mich gestoßen!« Die Passagiere schauten verstört hin und weg. »Unerhört, so was«, schrie die Frau. »Das muß man sich nicht von diesem Ausländer-

gesindel gefallen lassen. Halten Sie an, Fahrer! Das Tür-
kenbalg kann zu Fuß weitergehen. Ich verlange, daß Sie
anhalten.« Niemand sagte etwas. Alle waren verlegen. Das
Mädchen war vor Angst erstarrt.
Der Bus bremste. Haltestelle. Der Fahrer drehte sich um
und sagte: »Das Mädchen bleibt da. Es ist meine Tochter.«
Die Frau schien wie versteinert. Sie schnappte nach Luft,
bekam kein Wort heraus und sprang aus dem Bus.
Das Mädchen, am Ende der Fahrt angelangt, ging zum
Fahrer und sagte nur »danke«.
»Ist schon gut«, erwiderte der Fahrer, »ich habe eine Toch-
ter in deinem Alter. Und sie hat fast so schöne Augen wie
du ...« (Helmut Hochrain aus: Willi Hoffsümmer: Aufbrechen. Freiburg 1995, S. 91)

Als ich diese Geschichte bei einem Seminar vortrug,
meinte eine Teilnehmerin, daß diese Lüge nun auch nicht
nötig gewesen wäre. Er hätte ja diese Dame anders zu-
rechtweisen können. Stimmt. Aber welcher Schaden ist
denn nun mit dieser wunderbaren Lüge entstanden? Jesus
sagte von dem betrügerischen Verwalter: »Klug hat er gehandelt!« Er lobte nicht den Betrug, sondern das, was er
mit dem Betrug bezweckte und erreichte. (Lukas 16,8)
Wir alle müssen lernen, situationsgerecht zu reagieren und
größeren Schaden notfalls durch Gesetzesübertretung zu
verhüten. Hätte Jesus zu dem Kranken nicht auch sagen
können: »Tut mir leid, mein Lieber, aber heute ist Sabbat,
da darf ich dich nicht heilen. Komm morgen wieder.« Er
hätte. Aber er tat es nicht.
Es ist einfacher, aber oft ungerecht, sich an die Paragraphen
und Vorschriften zu halten. Wer es tut, gibt die Verantwor-

tung aber nicht gänzlich ab. Denn sein Gewissen bleibt gefordert. Der Kadavergehorsam der KZ-Schergen hat uns die gewissenlose Hörigkeit erschreckend vor Augen gestellt. Da lobe ich mir doch die Aktionen von Greenpeace, die uns deutlich machen, was gesagt werden muß und wie es getan werden muß, damit überhaupt etwas geschieht.

Eigenverantwortung heißt das Zauberwort. Wenn es allerdings aus dem Mund der Politiker kommt, die damit an die Gemeinden appellieren, und es fehlen denen die Mittel zum eigenverantwortlichen Handeln, dann bleibt es eine Floskel. Handelt wirklich einer dann mal selbstverantwortlich, muß er mit Sanktionen rechnen. Kurz und schlecht: Das Zauberwort entpuppt sich als Schlagwort.

Eine Ordensfrau ließ durchblicken, daß in ihrem Zimmer eine Kommode fehlt, die sie zum Aufbewahren verschiedener Materialien braucht. Bislang war alles in Schachteln vergraben, die sich neben der Tür stapelten. Nun war aber kein Geld für eine Kommode vorhanden; so jedenfalls stellte es die Oberin dar. Das hörte auch die Mitschwester, die in der Verwaltung tätig war und sich in Finanzfragen gut auskannte. So nahm sie sich vor, von den nächsten Spenden, die sie von Wohltätern des Klosters erhielt, den erforderlichen Geldbetrag für die Kommode abzuzweigen, ohne die Differenz zu verbuchen. Sie erhielt 500 DM, zweigte 200 DM ab und trug 300 DM als Spende ein. Der Vorgang wurde nicht bemerkt. Als die Oberin die neue Kommode sah und nach dem Woher fragte, sagte die Schwester, dies sei die Spende einer Wohltäterin. Damit war die Angelegenheit vom Tisch.

Ist dies nun ein handfester Betrug? Ist es eine kluge List? Ist es eine durchaus legitime Eigenverantwortlichkeit? Ist hier für irgendwen Schaden entstanden? Ist es etwa die Notwehr von Schwestern, die hinter dem Rücken einer geizigen Oberin gemeinsame Sache machen? Sie können diese Fragen für sich selbst beantworten. Vielleicht sind manche unserer Vorgaben so eng gesteckt, daß nur die Mutigen oder die Verzweifelten Auswege suchen und vielleicht dabei am Rand der Legalität jonglieren.

Wer sich unterwürfig gibt, fördert die Tyrannei

Frau W. leidet an Zwangsvorstellungen; sie kontrolliert alles mehrfach, schaut wiederholt nach, wenn sie Zweifel hat, und Zweifel hat sie immer. Ihr Vertrauen ist gebrochen. Stets bescheiden und aufopfernd tritt sie hinter den Ansprüchen ihrer Umwelt zurück. Selbst wenn ihr Mann schwere Fehler macht, schweigt sie. Aufgrund ihrer Zweifel meint sie, kein Recht zum Rechthaben zu haben. Für ihre Umwelt ist Frau W. pflegeleicht, manipulierbar. Und da sie eine religiöse Frau ist, die auch aktiv in ihrer Gemeinde tätig ist, hat sie das Image einer sozial engagierten, stets freundlichen und hilfsbereiten Frau, deren tatsächliches Leid kaum einer kennt. Sie ahnt, daß sie ihr Leben nicht lebt, sondern es um den Preis eines schweren seelischen Konflikts in die Hände anderer gegeben hat. Was sich dem Außenstehenden als aufopferungsvolle Hingabe darstellt, ist in Wahrheit bei ihr eine angst- und schuldbesetzte Unterwürfigkeit.

Die Selbstachtung geht verloren, wenn man sein Recht auf Verteidigung aufgibt. Frau W. erniedrigte sich immer selbst, rutschte aber auch immer wieder in gewisse negative Bedürfnisse, z. B. ungebremstes Naschen und beleidigende Selbstgespräche, die sie dann wieder durch eine devote Unterwürfigkeit auszugleichen versuchte. Der Kontrollzwang diente der Angst- und Schuldbewältigung. Das Gefühl einer eigenen Würde war ihr verloren gegangen.

Ihr Mann tyrannisierte sie. Daß sie selber den Machtanspruch ihres Mannes und anderer Personen durch ihre Wehrlosigkeit provozierte, war ihr natürlich nicht bewußt. Sie hielt ihren Mann für einen Despoten, unter dem sie schicksalhaft zu leiden hatte und dem sie sich eben zu fügen hatte. Gott würde ihr dieses Opfer schon vergelten.

Beide schaukelten sich auf diese Weise gegenseitig hoch: Indem sie stets nachgab, forderte er immer mehr. Indem er stark auftrat und polterte, wurde sie immer leiser und schwächer. So gaben sie ihrer Neurose immer neue Nahrung.

Ursache mag wohl bei beiden ein Mangel an wirklicher Elternliebe sein; selten ist ja leider die echte Liebe, die ein Kind in seiner Eigenart aufbaut und nicht beleidigt reagiert, wenn es eine persönliche Neigung durchsetzen möchte. Allzuoft wird dann ein solches Benehmen als Ungehorsam mißdeutet.

Da ist eine Frau, die ihre Kinder tyrannisiert, indem sie pausenlos deren Undankbarkeit erwähnt und auf die Opfer hinweist, die sie um ihretwillen bringt. Die Kinder würden sich gern abnabeln und ihr eigenes Leben leben, doch die Mutter gerät in Panik angesichts dieser Wünsche.

Ihr Mann ist verstorben; sie wäre dann allein. Zutiefst gekränkt, hat sie längst begonnen, sich für diesen Mangel an Anerkennung und Rücksichtnahme zu rächen. Die Rache vollzieht sich in Form von überflüssigen Einkäufen, von mehr oder weniger verwürztem Essen. Es vergeht kaum ein Tag, an dem nicht gestritten wird. Die Kinder erleben ihre Mutter als frustrierte Frau und – trotz ihres eifrigen Kirchgangs – als wenig überzeugende Christin.

»Gott wird euch strafen«, droht die Mutter. »Wenn Vater noch lebte, wäre alles anders!« Die Kinder entziehen sich der mütterlichen Kontrolle, nicht ohne Schuldgefühle. Diese versuchen sie am Muttertag, an Weihnachten und am Geburtstag der Mutter durch Geschenke und gute Wünsche zu kompensieren.

Die einen verspüren Widerwillen, eine Gefälligkeit zu erbitten; die anderen verspüren ihn, wenn sie um eine Gefälligkeit gebeten werden. Jene, die ihre Bedürfnisse nicht nennen, leiden unter dieser Unfreiheit. Nicht selten verbirgt sich hinter der Fassade von Bescheidenheit Stolz. Manchmal ist die vermeintliche Liebe und Hingabe kaum mehr als das Bedürfnis nach Herrschaft, das sich im Deckmantel der Überfürsorglichkeit gewiß attraktiver darstellt als in der offenen Tyrannei.

KZ-Kommandant Rudolf Höß war auf Gehorsam und Unterwürfigkeit gedrillt worden. Eigenes Denken und eigene Verantwortlichkeit blieben auf der Strecke. Tyrannei, auch in Form von Pflichtbewußtsein, ist nur möglich, wenn zuvor jedes Gefühl von gesunder Eigenliebe getötet wurde. Die Selbstliebe, die Jesus fordert, ermöglicht erst die Nächstenliebe. Und die Nächstenliebe wird geweckt durch die Erfahrung elterlicher Liebe. Fehlt sie, kann sie durch die beständige und zuverlässige Liebe einer Bezugsperson ersetzt werden.

In jedem von uns kann ein kleiner Eichmann stecken. Unterwürfige Menschen werden zu tyrannischen Herrschern, wenn sie den Druck von oben nach unten weitergeben. Diese Radfahrer-Mentalität (nach oben buckeln, nach unten treten) kommt zustande durch jahrelangen häuslichen Drill. Nicht jeder wird zum »Radfahrer«. Weshalb die einen den Druck weitergeben, die anderen sich selbst erdrücken, hat viele Ursachen.

»Warum ist hier jeder glücklich außer mir?« fragte der Schüler den Meister.
»Weil sie gelernt haben, überall Güte und Schönheit zu sehen«, antwortete der Meister.
»Warum sehe ich nicht überall Güte und Schönheit?«
»Weil du draußen nicht etwas sehen kannst, was du in deinem Inneren nicht siehst.«
(Anthony DeMello: Zeiten des Glücks. Freiburg 1994, S. 142)

Die christliche Lehre betont die Notwendigkeit der dreifachen Liebe: sich selbst, dem Nächsten und Gott gegenüber. Jesus praktizierte eine Pädagogik, die der Goldwäschermentalität ähnlich war: Er sah auch im größten Sünder noch das Gute. Wenn wir also konsequent im Mitmenschen das Gute sehen und wecken, wird er aufhören, schlecht zu sein. Der Tyrann ist nicht einfach ein Bösewicht; er ist ein zutiefst verletzter Mensch. Bestrafung oder Wiedergutmachung ist eine Sache. Vergebung die andere. Und wenn Jesus zur Feindesliebe aufruft, zur Entsa gung und zum Kreuztragen, so darf dies nicht einseitig als Vorwand zur Unterdrückung elementarer Rechte dienen. Es gibt auch den Ruf zum Lebenswagnis, zum Mut, zur Verteidigung der eigenen Würde. Christsein erschöpft sich nicht im moralischen Zeigefinger; es lebt auch von der Leidenschaft der Gefühle: heiß oder kalt, nicht aber lau.

»Herr Pater, ich suche einen Therapeuten, der christlich ist und meinen Glauben ernst nimmt. Ich bin katholisch erzogen worden. Habe seit einigen Jahren Depressionen und Ängste. Ich will nicht in falsche Hände geraten. Nicht, daß der noch meinen einzigen Halt, den ich habe, wegtherapiert.« Solche Anrufe erhalte ich regelmäßig. Manchmal bin ich dann versucht, einen keineswegs »katholischen« Therapeuten zu empfehlen, sondern eher einen »heidnischen«. Ist es nicht allzuoft die »christliche Erziehung« gewesen, die depressiv und ängstlich machte? Wie schwach ist ein Glaube, der wegtherapiert werden kann? Und: Muß nicht gerade der lebensfeindliche Teil dieses »Glaubens« weggeschnitten werden?

Man muß manchen frommen Leuten den Egoismus predigen, den biblischen Egoismus (also nicht Egozentrik, sondern Selbstliebe), der darin besteht, sich zu wehren, eigene Bedürfnisse zu artikulieren, nein zu sagen, ungehorsam zu sein zu Gunsten der inneren Stimme.

Der gesunde Mensch reagiert auf Unterdrückung mit natürlichen Abwehrmechanismen. Ist Groll da, so sollte irgendwann auch einmal die Vergebung folgen; andernfalls schafft der Groll neue Probleme. Aus Angst, für böse und ungerecht gehalten zu werden, verdrängt der Schwache seine berechtigte Abwehr. Es dauert nicht lange, bis er dann Bitterkeit gegen die andere Person verspürt und sich diese Bitterkeit nicht verzeihen kann. Dann hält er sich auch noch für schlechter als die anderen und stolpert von einem Mißverständnis zum anderen. Und das alles im Namen eines falsch verstandenen Christentums.

Jesus war in Gethsemane gehorsam. Eine mutige Tat mit Todesfolge. Er erkannte die Notwendigkeit dieses Gehorsams seinem Vater gegenüber. Da war kein Druck, kein Zwang.

Es gibt eine Widerstandslosigkeit, die nichts mit Unterwürfigkeit oder schwacher Reaktion zu tun hat. Sie ist der Sieg über die Angst, für schwach gehalten zu werden. Der falsche Gehorsam geschieht aus Angst vor Repressalien oder Liebesverlust. Hierin liegt der Unterschied.

Jugendliche, die ihren Glauben zu Hause nicht bekennen, handeln gelegentlich so aus Angst vor Vereinnahmung. Sie fürchten, im Fall eines religiösen Bekenntnisses von ihren Eltern oder auch von der Kirche vollständig unterworfen zu werden.

Ein 17-jähriger Junge weigerte sich, mit den Eltern gemeinsam zur Kirche zu gehen. Er wollte eigene Wege betreten. Im Streit gab er Mangel an Interesse vor. In Wahrheit besuchte er die Messe in der Nachbarpfarrei. Aus Angst, von seinen Eltern in die religiöse Pflicht genommen zu werden, heuchelte er Desinteresse. Die Mutter kam verzweifelt zu mir und bat mich inständig, um die Bekehrung ihres Sohnes zu beten. Hier läßt sich nur erahnen, wie verhängnisvoll ein angstbesetztes Missionieren aussieht. Gerade das Proselytentum der Frommen jagt die Suchenden aus den Kirchen. Die Tyrannei der Religiösen ist unerträglicher als die Schuld der Gleichgültigen. Gemeinsam ist allen Tyrannen und Unterwürfigen das fehlende Vertrauen: die ersten trauen den anderen nicht, die zweiten sich selber nicht.

Es waren einmal zwei Eisblöcke. Das Verhältnis der beiden zueinander war recht kühl und frostig. Beide dachten: Warum geht der andere nicht auf mich zu? Wenn er doch ein bißchen auftauen würde! Da beide so dachten, geschah nichts. Sie vereisten immer mehr und trifteten auseinander.

Eines Tages strahlte die Sonne so hell und warm, daß beide auftauten. Sie verflüssigten sich, flossen aufeinander zu und blieben doch dieselben. Waren sie zuerst Eis, wurden sie jetzt Wasser und vermischten sich. Sie fanden es auf einmal sehr schön.

Als dann irgendwann ein paar Kinder kamen und auf dem Wasser mit ihren Schiffchen spielten, war das Glück der beiden vollkommen. Die Freude der Kinder spiegelte sich in ihnen. (Matthias Utters: An Ufern. Fischbach 1982, S. 30)

Der Gang auf dem schmalen Weg zwischen Selbstsucht und Selbstfindung

Jeder von uns kennt die Schwierigkeit, Anpassung oder Widerstand in rechtem Maß auszuloten. Dazu gehören neben dem Mut, auch mal falsch zu reagieren, ein gutes Hinhören auf das eigene Gewissen und ein Erkennen von Notwendigkeit. Ist mein Ungehorsam jetzt notwendig? Wendet er eine Not? Welchen Preis zahle ich dafür? Welchen Schaden richtet er möglicherweise an? Geht es bei der Anpassungsverweigerung um meine eigenen Rechte oder um die der anderen?

Sehr viel später erkennen rebellierende Jugendliche, daß sie im Unrecht waren und daß ihre Eltern doch nicht ganz so falsch lagen wie sie meinten.

Zu einem Mann sagte ein Junge: »Ich verstehe meine Eltern nicht. Jeden Tag Streit. Sie sind so rückständig. Ich laufe noch weg.«

Der Mann antwortete: »Junger Freund, ich kann dich gut verstehen. Als ich so alt war wie du, waren meine Eltern genauso ungebildet. Es war nicht auszuhalten. Du mußt Geduld haben mit den alten Leuten. Sie entwickeln sich langsam. Nach zehn Jahren hatten sie schon soviel dazugelernt, daß man sich ganz vernünftig mit ihnen unterhalten konnte. Und was soll ich dir sagen? Heute, nach zwanzig Jahren, wenn ich keinen Rat weiß, frage ich meine Eltern. So können die sich ändern!« (Willi Hoffsümmer: Aufbrechen. Freiburg 1995, S. 30)

Die aggressive Verweigerung jeder Einsicht und Unterordnung muß hinterfragt werden. Wenn auch vielleicht das Anliegen richtig ist, so ist es keineswegs immer die Methode. Rechtsradikale Skinheads, Hooligans oder linksradikale Steinewerfer haben ein gestörtes Verhältnis zur Gesellschaftsordnung, das seine Ursache in der mißglückten Abnabelung hat. Oder anders: Auf dem Weg zum Erwachsenwerden müssen verschiedene Sehnsüchte und Ängste bewältigt werden. Gelingt das nicht, kann Liebesverlangen und kindliche Abhängigkeit in Haß umschlagen. Haß aber gibt zunächst ein Gefühl von Stärke, vor allem in der Gruppe, birgt aber stets Selbsthaß in sich. Unsere Gesellschaft ermutigt nicht gerade dazu, ein ethisches Bewußtsein zu entwickeln, dem die Würde vor Eigennutz ginge. Die Tatsache, daß auch radikale Jugendliche durchaus ansprechbar sind für ethische und mitmenschliche Werte, gibt Anlaß zur Hoffnung auf ein entsprechendes pädagogisches Konzept. Nicht Gefängnis, sondern Gespräch. Das Umdenken von Joschka Fischer ist Beweis genug.

In der Gruppe fühlen sich jene am wohlsten, die eine ähnliche Lebenserfahrung und ein gemeinsames Ziel haben.

Wer gegen jedes und alles protestiert, schafft nicht erst Probleme; er hat sie schon. Und zwar mit sich selber. Ständiges Nörgeln offenbart seelische Nöte. Aus Angst, kein Gehör zu finden oder nicht beachtet zu werden, übertreiben solche Menschen ihre Kritik und zeigen Verhaltensweisen, deren Verhältnismäßigkeit nicht stimmt. Sie treten »stark« auf bis hin zur Absurdität. Manche versuchen dadurch ihre Schüchternheit zu besiegen oder sich endlich einmal abzunabeln von zu Hause, von einem übergestülpten Moralkodex, der entweder fragwürdig ist oder in autoritärer Weise vorgesetzt wurde. Mit dem Protest wollen sie nicht die bestehende Ordnung kippen, sondern nur ihre Freiheit erweitern.

Horst-Eberhard Richter stellte in einer Untersuchung fest, daß in den letzten 20 Jahren eine zunehmende soziale Distanzierung stattgefunden hat. Es gibt einen Egozentrismus im Sinn von »sich mehr durchsetzen«. Zugleich gibt es eine Verarmung der Gefühle. Gerade jene, die sich mit aggressiven Mitteln individualistisch abgelöst haben, bezahlen dies nun mit sozialer Entbehrung. Wenn man überhaupt Gefühle zeigt, spricht man gern vom »Investieren« der Gefühle, also in der Geschäftssprache. Man gibt sich »cool«, eben kalt.

Es fällt auf, daß es neben den chronisch Unzufriedenen auch die wachsende Gruppe der Passiven gibt, die keine Verantwortung übernimmt, weil »es ja eh keinen Zweck hat«. Wo sich Politiker oder Erzieher nicht um die Belange der Untergebenen kümmern, also ihre wirklichen Bedürfnisse ernst nehmen, entsteht Frustration. Die einen antworten darauf mit schicksalhafter Ergebenheit und schweigen. Sie ziehen sich zurück in die Resignation. Die anderen versuchen sich mit aggressiven Mitteln Gehör zu verschaffen. Nur eine kleine Gruppe vermag aufgrund ihrer biographischen Voraussetzungen mit sachlichen Mitteln zu reagieren. Sie braucht einen langen Atem und vor allem: Optimismus. Der aber ist in Deutschland ziemlich geschrumpft.

Herr K. ist schwer zufriedenzustellen. Immer findet er einen Grund zur Kritik. Diskussionen enden stets im Streit, vor allem, wenn er alkoholisiert ist. Wird einer gelobt, kommt er mit einem Tadel. Über Eltern, Vorgesetzte, Kollegen, selbst über Frau und Kinder streut er hie und da Abfälliges ein. Wird er selber gelobt, wertet er das Lob sofort ab. Für Herrn K. scheint es nichts Gutes und Lebenswertes zu geben. Außer seinem Hund. Auf den läßt er nichts kommen; denn Hasso ist treu, widerspruchslos, nicht nachtragend, nicht kritisch, stets ergeben.

Herr K. ist unglücklich. Er fühlte sich nie angenommen. Seine Eltern hielten ihm zu oft seine Fehler vor, während sie aber in seiner Abwesenheit durchaus Worte des Lobes hatten. Aus Angst, ihren Sohn stolz zu machen, hielten sie sich zurück mit Anerkennung und Lob. So wuchs im Sohn das Bewußtsein, es nie recht zu machen. Er wurde sehr ehrgeizig und definierte sein Selbstwertgefühl über die Leistungen, die er auch brachte. Wenn aber andere ebenso erfolgreich waren, wuchs in ihm die alte Angst, zu kurz zu kommen, abgewertet zu werden. Indem er nun andere schlecht machte, konnte er sein lädiertes Ichgefühl aufwerten.

Wer Kränkungen nicht verzeihen kann, wer sich nicht zeitig von zu Hause abnabeln kann, läuft Gefahr, abhängig und unselbstständig zu bleiben in einer Haßliebe oder rebellisch zu werden in Zorn und Wut.
Die Trotzphasen dienen der Selbstfindung; sie wollen zunächst Grenzen testen. Dabei kommt es vor, daß gerade die jungen Menschen über die Stränge schlagen, Neues ausprobieren, Verbotenes wagen. In diesem Hin und Her von Versuch und Irrtum entdecken sie eigene Wertvorstellungen. Wenn nun der Irrtum – und das ist manchmal auch die Folge des Ungehorsams – bestraft wird, kann kein Lernen mehr stattfinden. Besser als Bestrafungen oder Schimpftiraden ist ein Gespräch, in dem auch die Erfahrungen des jungen Menschen thematisiert werden. Die beim Baby und beim Kleinkind noch dressurähnliche Erziehung muß mit höherem Alter den Argumenten weichen. Niemals darf Gewalt angewandt werden, niemals mit Demütigungen etwas erreicht werden wollen.

Ohne wirkliche Not ist der Ungehorsam nicht gerechtfertigt

Es gibt zwei unterschiedliche Sichtweisen. Die einen fügen sich prinzipiell, weil sie alle Befehle von oben als göttlichen Willen betrachten. Sie handeln ähnlich wie Abraham, der auf Befehl Gottes seinen Sohn Isaak töten sollte. Zugleich meinen sie, mit diesem Gehorsam die Tugend der Demut zu üben. Im Alltag nehmen sie manche Tyrannei hin, opfern sie Gott auf und offenbaren mit diesem Verhalten eine religiös verbrämte Lebenssicht. Für den Beobachter wirken sie mitunter sehr überzeugend, auch vorbildlich, dann aber wiederum erschreckend lebensfern und schwach. Meist liegt eine betont religiös-einseitige Erziehung vor, die jeden Schicksalsschlag als göttliche Zumutung deutet, der man nicht ausweichen darf. Das ist auch die Darstellung vieler Heiligenlegenden, die allerdings kaum der Wahrheit entsprechen. Verstärkt wirkt diese bedingungslose Unterwerfung durch entsprechende Botschaften in den Privatoffenbarungen (Mitteilungen und Eingebungen Gottes bzw. der Gottesmutter an Menschen, sogenannte Seher). Wer diese Offenbarungen studiert, bekommt den Eindruck, als ob das höchste Gut die völlige Selbstaufopferung sei. Und zwar unterschiedslos. Doch das stimmt nicht. Unkritische Lektüre vermag viel Unheil anzurichten. Solche Texte werden von naiven Frommen rasch überbetont und gleichgesetzt mit den Lehren der Kirche, gar mit dogmatischen Aussagen. (Denken wir nur an die Auseinandersetzungen in der deutschen katholischen Kirche wegen der Handkommunion: Ist es erlaubt, den Leib Christi in die Hand zu nehmen, oder soll der Priester die Hostie direkt auf die Zunge legen?) Die Kirche sagt uns aber aus klugen Gründen, daß private Offenbarungen nicht zum Glauben verpflichten; sie sind keine verbindlichen Lehrsätze; denn das Wesentliche ist längst gesagt.

In Medjugorje empfahl die Gottesmutter den Seherinnen, in eine Ordensgemeinschaft einzutreten. Außer Vicka haben aber bislang alle geheiratet. Waren sie ungehorsam? Nein.

Als eine der Seherinnen die Gottesmutter fragte, ob sie nun enttäuscht sei, weil sie nicht ins Kloster ging, sondern heiratete und ein Kind bekam, antwortete die Gospa: »Ich verneige mich vor der Freiheit des Menschen. Werde eine gute Mutter!« Der Himmel zwingt nicht. Er begleitet uns auf dem Weg, den wir nach bestem Wissen und Gewissen wählen.

Wer sich kritiklos und in vermeintlicher Demut einer irdischen Autorität unterwirft, ist verführbar; im übrigen ist er auch ein leichtes Opfer für Sekten und radikale Gruppen.

Die andere Sichtweise versucht zu differenzieren. Was steht auf dem Spiel? Wem dient letztlich der Gehorsam? Entspricht der Befehl meinen Fähigkeiten, spricht hier der Geist Gottes? Ist der Befehlende ebenfalls ein Hinhörender? Berücksichtigt er meine Eigenarten? Meine Grenzen? Oder wird hier nur beliebig, gar willkürlich Macht ausgeübt? Ein Vorgesetzter, der ohne Rücksprache mit den Betreffenden Versetzungen vornimmt, handelt rücksichtslos. Er zerstört mit seinem Vorgehen Beziehungen, auch die Arbeitsatmosphäre, im schlimmsten Fall den Menschen selber. Wieviel Elend wurde in Klöstern und auch in Verwaltungsämtern durch unkluge und rabiate Versetzungspolitik geschaffen! Wer der Erste sein will, sollte erst einmal der Diener aller sein, d. h. auch der Obere muß den Mut haben zum Dienen.

Gehorsam ist dann erforderlich, wenn er dem Allgemeinwohl dient, auch der Einheit und Rücksicht. Dabei muß einer auch mal auf private Vorlieben verzichten. Mancher hat dabei die Gelegenheit, Tugenden zu üben, die ihm schwerfallen, etwa das Zurückstellen seiner eigenen Interessen. Wenn der Gehorsam nicht gegen sein Gewissen geht, wenn keine wirkliche Not entsteht, gibt es keinen Grund, ihn zu verweigern. Hierbei darf weder der eine im Namen Gottes zu sehr den Gehorsam einklagen, noch darf der andere ihn verweigern, indem er ständig auf seine Rechte und Freiheiten hinweist. Gegenseitiges Hören und Abwägen sind gefordert. Dabei ist das Gebet um Unterscheidung und Erkenntnis sehr zu empfehlen.

> Ein Christ vermeint, Glück sei das Ziel,
> stets das zu kriegen, was man will.
> Bis deutlich auf der Hand es liegt:
> Glück ist zu wollen, was man kriegt.

Bei einer Befragung von Ordensleuten und gerade eingetretenen Anwärtern (Novizen) zur Bewertung der drei klassischen Gelübde Gehorsam, Armut und Ehelosigkeit trat ein verblüffendes Ergebnis zutage: Die Mehrheit der Befragten fand den Gehorsam weitaus schwieriger als etwa die Ehelosigkeit. Die Angst, beliebig versetzt zu werden und alle Zelte hinter sich abbrechen zu müssen, wurde von vielen als ein zentrales Problem gesehen, vor allem im fortgeschrittenen Alter. Das Loslassen eigener Wünsche fordert heraus, ist sozusagen ein stetes Einüben ins Sterben.

Selbstverwirklichung heißt aber nicht nur Ausüben seiner Fähigkeiten und Erfüllung seiner Bedürfnisse, sondern sehr oft auch Verzicht darauf. Nur der ist wirklich frei, der seine Grenzen annehmen kann. Menschen fällen oft unvernünftige Entscheidungen, die keinen Frieden bringen. Gottes Ruf hingegen ergeht niemals gegen die eigene Veranlagung, auch nicht gegen die geschaffenen Ordnungen. Mit Hilfe der Vernunft läßt sich der Wille Gottes erkennen; denn er ist immer vernünftig, wenngleich auch nicht immer schmerzlos. Insofern ist die völlige Hingabe an den Willen Gottes die höchste Tugend. Und Abraham tat Recht.

Kaum ein Prophet war auf Anhieb bereit, dem Ruf Gottes zu folgen. Jona rannte davon, Elija wollte nicht mehr leben, Jeremia beklagte sich und wollte den Mund nicht auftun ...

Sie hatten Angst und mußten erst einmal gegen das Ungewohnte ankämpfen. Jeder Gehorsam Gott gegenüber ist ein Sprung über den eigenen Schatten und letztlich die Tugend der Demut. Wir müssen also zwischen dem geistlichen und weltlichen Gehorsam unterscheiden. Das kann nur derjenige, der betend um Erkenntnis ringt und – physiologisch betrachtet – beide Gehirnhälften benutzt.

Weltlich betrachtet, kann ein geistlicher Gehorsam, etwa dem Papst oder dem Ordensoberen gegenüber, gegen menschliche Vernünfteleien stehen. »Laß dir das nicht bieten!«, »Du bist doch mündig genug, selbst zu entscheiden!« und »Das ist ja ein Rückfall ins Mittelalter!« sind bekannte Reaktionen. Der geistlich motivierte Gehorsam ist in den Augen der Weltmenschen eine Torheit.

Gisbert Greshake schreibt in seinem wertvollen Büchlein »Gottes Willen tun«: »Wenn die Bereitschaft zum Hören und zur Lebenshingabe an Gott vermischt ist mit der Angst, die erträgliche Wohnung, in der man sich ganz schön eingerichtet hat, zu verlieren, wenn man lieber seine eigenen Lebensideale entwirft, statt sie hörend entgegen-zunehmen, so ist die Stimme Gottes immer schon gefiltert durch eben diese vorgegebene Ambivalenz und Unent-schiedenheit, und sie verliert sich im Gewühl der vielen anderen Stimmen.« (Freiburg 1984, S. 65)

Es gibt im Herzen keinen dauerhaften Frieden, wenn sich jemand nur nach seinen egoistischen Wünschen richtet; es gibt ihn auch nicht, wenn sich jemand nur nach den Befehlen anderer richtet. Immer das Richtige zu erkennen, ist nicht einfach. Hier helfen bestimmte Kriterien, die schon die Mönche der frühen Kirche anwandten:

Hinterläßt der Gehorsam auf Dauer einen inneren Frieden oder nicht?

Dient der Gehorsam dem Allgemeinwohl oder nur einer persönlichen Laune?

Gibt es dafür einen Anhalt in der Heiligen Schrift oder nicht?

Bin ich bereit, mich dem Urteil anderer auszusetzen, oder berufe ich mich stur auf den Willen Gottes?

Überfordert mich die Entscheidung oder setzt sie in mir Kräfte frei?

Ist die Frucht meines Tuns erkennbar: Demut, Freude, Friede, Dankbarkeit?

Als ich gegen meinen Wunsch nach Freising versetzt wurde, fügte ich mich zähneknirschend. Meine Ablehnung war rein emotionaler Art, jedoch in rationalen Argumenten verpackt. Ich empfand das Pallotti-Haus in Freising als zu gewaltig und erschlagend für mich, als zu erdrückend und zu dunkel. Tatsächlich aber entpuppte sich das Haus als das ideale Arbeitsfeld für meine therapeutische Tätigkeit. Und die Gäste fühlen sich wohl. Jetzt hoffe ich, nicht allzubald wieder wegversetzt zu werden, wo ich mich doch so gemütlich eingerichtet habe!

Ich rate jedem, der etwas Liebgewordenes loslassen muß, der sich einem Wunsch oder Befehl widerwillig fügen muß, der neuen Situation das Beste abzugewinnen. Es ist gut, sich innerlich umzustellen und auf das Neue einzustellen, dabei die Vorteile und Lichtseiten zu suchen. Gelingt es ihm nicht, lähmt es sogar seine Kräfte, ist ein Gespräch mit dem Vorgesetzten angesagt. Manchmal spielen nicht bewußte Faktoren eine negative Rolle, etwa das Klima oder verstrahlte Räume oder ein unklarer Arbeitseinsatz mit verschwommenen Kompetenzen.

Weltliche und geistliche Gesinnung unterscheiden sich gerade in der Bewertung der Dinge und im Umgang mit den eigenen Interessen. Im Hinblick auf den Gehorsam des Priesters gilt: Wer sich zum Gehorsam verpflichtet, setzt sich einer möglichen Frustration aus; denn er muß bereit sein, eine Einschränkung seiner persönlichen Freiheit und seines Wohlbefindens hinzunehmen. Wenn der Bischof oder der Papst theologische oder pastorale Konzepte vorgeben, die sich nicht mit den eigenen Vorstellungen decken, ist der Gehorsam um der Einheit willen gefordert. Alleingänge spalten die Kirche und irritieren die Gläubigen.

Was sich in der Abtreibungspolitik innerhalb der deutschsprachigen Kirche abgespielt hat und immer noch abspielt, zeugt kaum von einer geistvollen Atmosphäre.

Konflikte wird es immer geben. Wer sie im Hinblick auf das Kreuz und den Gehorsam Jesu annehmen kann, statt sie durch Verweigerung und durch Medienspektakel eskalieren zu lassen, handelt in geistlichem Gehorsam. Allerdings ist auch die vorgesetzte Instanz verpflichtet, immer auch das Gespräch zu suchen und nicht die Verpflichtung zum Gehorsam in einer falschen Mythologisierung einzuklagen.

Ob einer durch ein Eheversprechen an die Treue gebunden ist oder durch ein Ordensgelübde oder durch den Amtseid, bleibt sich in den Konsequenzen gleich. Es wird selten ohne Konflikte gehen. Dann aber wird sich herausstellen, wie ernst er es mit seinem Versprechen gemeint hat. Der geistlich gesinnte Mensch handelt nicht weniger mündig als der weltlich gesinnte Mensch; er handelt aber darüber hinaus, nämlich mit dem Blick auf Gottes Willen und in der Annahme des Kreuzes.

Tatsächlich schenkt der geistlich motivierte Gehorsam eine größere seelische Weite, weil er nicht knechtisch geschieht, sondern im freiwilligen Verzicht auf selbstsüchtige Ziele.

Sind die Anordnungen eines Vorgesetzten sittenwidrig, muß ich ihnen selbstverständlich widersprechen. Sind sie mir unsympathisch, weil sie mir nicht schmecken, gibt es keinen Grund zum Widerspruch.

Henri Boulad erwähnt neben der Freiheit zum Widerspruch die Freiheit zum Gehorsam; er bezeichnet das NEIN als »ein Bedürfnis, sich dabei selbst ins Licht zu setzen ... Diese Freiheit ist noch unvollkommen, ganz unterentwickelt, denn im Grunde interessiert sie sich in ihrer betonten Selbstbejahung nur für sich selber. Wahre Freiheit dagegen ... ist die Freiheit, die JA zu sagen versteht.« (Ordne deine Tage in Freiheit. Wien 1987, S. 44)

Wer mit seinem tiefsten Verlangen ins reine gekommen ist, kann wirklich entsagen ohne zu verdrängen. Insofern macht die Tugend des Gehorsams als Ausdruck von Demut nicht krank. Wenn Abraham seinen Sohn Isaak zu töten bereit war, dann nur im Vertrauen darauf, daß Gott nichts Böses verlangen kann. Gott ist ein Gott der Lebenden; er will letztlich das Heil aller. Ein Mittel dazu ist die vertrauensvolle Auslieferung an seinen Willen, der nicht in allen Sanktionen erkennbar ist.

Gehorsam hat nichts damit zu tun, daß ich ein Gebot befolge. Gehorsam gilt immer nur Personen, letztlich Gott. Allerdings muß ich auch lernen, auf mich zu hören, damit ich in Übereinstimmung mit meiner eigenen Wahrheit lebe.

Ein Anhänger des Guru kniete nieder, um in die Schülerschaft aufgenommen zu werden. Der Guru flüsterte ihm das heilige Mantra in sein Ohr und warnte ihn davor, es jemandem zu offenbaren.

»Was geschähe, wenn ich es täte?« fragte der Schüler.

»Jeder, dem du das Mantra enthüllst, wird aus den Fesseln der Unwissenheit und des Leidens befreit werden, aber du selbst wirst aus dem Kreis der Schüler ausgeschlossen und Verdammnis erleiden.«

Kaum hörte dies der Jünger, stürzte er hinaus auf den Marktplatz und verriet allen Menschen das heilige Mantra.

Die Schüler hörten davon, berichteten es dem Guru und verlangten eine Bestrafung. Der Guru lächelte: »Er braucht nichts von dem, was ich lehren kann. Sein Handeln zeigt, daß er selbst ein Guru ist.« (Anthony De-Mello: Wer bringt das Pferd zum Fliegen? Freiburg 1989, S. 110)

Kennen Sie das Aschenputtel-Syndrom?

Aschenputtel ist eine brave, angepaßte Tochter, die von ihrer bösen Stiefmutter gedemütigt wird und immer arbeiten muß, während ihre Stiefschwestern das Leben in vollen Zügen genießen dürfen. Sie ist fleißig, beschwert sich niemals, leidet aber fürchterlich unter dieser Versklavung. Sie sehnt sich nach einem liebenden Partner. So wie ihr ergeht es vielen jungen Frauen, die keinen Widerspruch wagen aus Angst vor negativen Konsequenzen. Erst als sie ungehorsam ist, sich schöne Kleider beschafft und heimlich aus dem Haus geht, um einen Ball zu besuchen, kommt Bewegung in ihr Leben. Tatsächlich findet sie ihren Prinzen und lebt ihr eigenes Leben.

Mir fällt auf, daß die modernen Aschenputtel oftmals sehr religiös erzogen worden sind. Ihr ganzes Auftreten und Outfit ist unauffällig. Schüchternheit und Schweigsamkeit sind ihre typischen Merkmale. Zugleich sehnen sie sich nach der verbotenen Freiheit und zittern erregt angesichts der Möglichkeiten, die sie sich verbieten, um nicht schuldig zu werden. Dabei muß die Schuld nichts mit Sünde zu tun haben. Allein schon das Wagnis eigener Entscheidungen gegen bestehende Regeln und Erwartungen läßt sie in Verlegenheit fallen.

Selbstbewußt nein zu sagen ist in den Ohren so mancher Erzieher ein Akt der Ungezogenheit. Sie deuten den Eigenwillen als persönlichen Angriff und als Mangel an Respekt. Da bekommt ein Kind jahrelang zu hören: »Laß das, das kannst du nicht«, um später dann zu hören: »Du kannst aber auch gar nichts!« Wer in dieser Falle steckt, wird hilflos, wenn er nicht aggressiv genug ist, dagegen zu protestieren. Depressive Menschen sind oft nicht imstande, etwas zu leisten; sie sind manchmal willenlos und halten sich für unfähiger als sie sind.

Die Psychologin Ute Ehrhardt bemerkt in ihrem Buch »Gute Mädchen kommen in den Himmel, böse überall hin«, daß eine typische Sitzhaltung von Frauen darin besteht, sich schmal zu machen, die Arme eng anzudrücken, die Knie zusammenzudrücken und die Füße nach innen zu stellen. Eine solche Haltung kommt bei Männern so gut wie nicht vor, außer bei unterprivilegierten Männern. (Frankfurt 4/2000, S. 110)

Diese Haltung drückt Unterwerfung aus, auch einen Mangel an Selbstbewußtsein. Tatsächlich machen sich Frauen oft zu Opfern; sie stehen bei Fuß, tun alles für Familie, Chef und Kollegen, obgleich sie kaum Dank ernten. Klaglos verrichten sie ihre Arbeit und lassen allenfalls verschlüsselt durchblicken, wie schlecht es ihnen geht; ihre Mimik verrät bisweilen, wieviel Überwindung es sie kostet, die Arbeit zu tun. Doch schnell quälen sie sich ein Lächeln ab und setzen ihre Opferrolle fort. Sind sie religiös, verstehen sie diese Überwindung als Hingabe an den Willen Gottes und als Schritt auf dem Weg zur Heiligung.

Ich behaupte nicht, daß solche Menschen prinzipiell unglücklich sein müssen oder sich einer Lebensverweigerung schuldig machen. Es kann durchaus sein, daß es Personen gibt, die diese Lebensform als Berufung bejahen und als persönlichen Kreuzweg akzeptieren. Dies ist eine Ausnahme und darf nicht als vorbildliches Opferleben kopiert werden. Das Leiden am eigenen Unvermögen, an der gelernten Hilflosigkeit, die sich hierbei hinter dem Gehorsam und der Anpassung verbirgt, wird auf diese Weise kompensiert. Hier wird vielleicht sogar aus der Not eine Tugend gemacht. Ein neurotisches Verhalten im Sinn der Überanpassung ist kein Hindernis auf dem Weg zur Heiligung; es ist aber auch nicht der nachahmenswerte Weg. Heiligkeit besteht eher in der Originalität als in der Kopie, eher im Wagnis der freien Entscheidung als in ihrer Zurückhaltung.

Seltsamerweise entwickeln sich die Menschen nur weiter, wenn sie Akte des Ungehorsams wagen. Damit sei nicht gesagt, daß jeder Ungehorsam eine Tugend sei. Da ist ein junger Mann, der mit 23 Jahren für einige Jahre in die Entwicklungshilfe nach Afrika gehen möchte. Er ist das einzige Kind einer Witwe. Seine Mutter fleht ihn an, diesen Schritt nicht zu tun aus Angst vor der Einsamkeit. »Was ist, wenn mir was passiert? Du bist so weit weg.« Der junge Mann bekommt nun Schuldgefühle und weiß nicht, was er tun soll. Da seine Mutter nicht krank ist, gibt es eigentlich keinen Grund, zu Hause zu bleiben. Gehorcht er seinem inneren Ruf, fühlt er sich der Mutter gegenüber schuldig. Gehorcht er der Mutter, wird er seinem Ruf gegenüber schuldig. Das Problem liegt also im funktionalen Schuldgefühl; denn eine echte Schuld liegt nicht vor. Die

Mutter wird in diesem Fall schuldig, weil sie ihren Sohn an sich bindet.

Der Sohn zieht in die Welt hinaus, hoffend, daß seiner Mutter nichts passiert. Es geht alles gut. Er kehrt nach drei Jahren zurück als ein erwachsener Mann, der gelernt hat, gegen Widerstände zu kämpfen, Prüfungen zu bestehen, Ekel zu überwinden, sich für andere einzusetzen, sein Leben zu wagen. Er hat sein Talent nicht vergraben.

Wenn einer ständig gehorcht, unabhängig von seinen eigenen Gewissensregungen, ist er ein Sklave. Wenn er hingegen nie gehorcht, ist er ein Rebell. Rebellen handeln nicht aus Gewissensgründen, sondern aus Enttäuschung, aus Rache oder ideologischen Erwägungen heraus.

Aschenputtel fügt sich zunächst, bis sich ihr Eigenwille infolge der Unterdrückung und Versklavung so stark aufbäumt, daß sie ausbricht. Es ist die Sehnsucht nach der Liebe und Geborgenheit, die sie ungehorsam werden läßt. Wer ausbricht, muß den Mut haben, allein zu sein, sich zu irren oder Schuldgefühle in Kauf zu nehmen. Dabei hängt die Fähigkeit zum Mut vom jeweiligen Entwicklungsstand ab. Echter, notwendiger Ungehorsam macht für gewöhnlich von der Freiheit in rechter Weise Gebrauch, während purer Trotz sie mißbraucht. Mir fällt auf, daß der in Ordnungsstrukturen denkende Mensch oft Meinungen vertritt, aber keine Überzeugungen. Er hat sich so sehr angepaßt, daß er gar nicht mehr anders denken kann als in der übernommenen Schablone: »Ordnung muß sein, wo kämen wir denn hin, wenn alle so dächten, und das war immer so, das bleibt so ...« Dieser Mensch leidet und weiß es nicht mehr; er amüsiert sich und ist unglücklich dabei; er arrangiert sich mit seinem »da kann man nichts machen« und flüchtet permanent in Ersatzbefriedigungen. Er hat Angst vor dem Wagnis des Neuen, vor dem Verlust seines Image. Sein Gehorsam gibt ihm Anteil an der Macht der Mächtigen, die ihn freispricht von aller Schuld, weil die Obrigkeit die Entscheidungen trifft.

Allein mächtig werdende innere Kräfte vermögen hier die Mauer zu überspringen. Liebe ist eine solche Kraft; sie rechtfertigt alles Tun, auch den Widerspruch.

Wie soll man umgehen mit dem Ungehorsam von Kindern?

Jeder muß lernen, sich unterzuordnen, zurückzustecken, sich anzupassen. Wahre Freiheit kann auch Grenzen anerkennen. Voraussetzung: Die Macht der Erzieher muß die Qualitäten der Kompetenz, der Konsequenz und der Fairneß haben. Wenn Kinder oder Jugendliche frech und motzig werden, ist im Vorfeld bereits einiges schief gelaufen. Ich rede hier nicht von den Trotzphasen, die Grenzen abstecken und eigene Fähigkeiten testen. Ich spreche von den Unverschämtheiten und Lieblosigkeiten im späten Kindes- und frühen Jugendalter, die vielen Eltern und Lehrern zu schaffen machen.

»Unser Jüngster ist jetzt 12 Jahre alt. Er will uns nicht als Eltern anerkennen, kritisiert uns nur noch, wir seien alt, verstünden nichts, seien zu streng usw. Er verunsichert uns. Wie soll das weitergehen? Bitte helfen Sie uns!« Solche Anfragen machen auch mich betroffen. Und ich frage mich natürlich nach den Hintergründen solchen Verhaltens. Der

Bub steckt im dritten Trotzalter, da dürfen solche Widerspenstigkeiten nicht hochgeschaukelt werden.

Es ist nicht immer damit getan, derartige Reaktionen als Folgen einer verwöhnenden oder autoritären Erziehung hinzustellen. So einfach ist es nicht. Wer weiß, welche Einflüsse durch Schule und Jugendcliquen, durch Medien und Freunde da mitspielen?

Der Ungehorsam als begründete Verweigerung eines Befehls oder Wunsches ist die eine Sache; lieblose, ungerechte Vorwürfe eine andere. Wir müssen also Verpackung und Inhalt auseinanderhalten. Ein Kind kann durchaus in der Sache Recht haben, aber in der Art und Weise seines Vorgehens und Redens verletzend sein. Dann muß darüber gesprochen werden, und zwar in einer ruhigen Atmosphäre und unter vier oder sechs Augen. Es ist nicht mit Lautstärke oder unbegründetem »tu, was ich dir sage« getan. Auch Kinder haben ein Recht auf Plausibilität; mitunter ist eine angedrohte Sanktion für den Fall des Ungehorsams unumgänglich. Kinder spüren jedoch sehr schnell, ob die Maßnahmen der Eltern aus Rache und narzißtischer Kränkung erfolgen oder aus wirklicher Sorge und Verantwortung. Wenn dennoch aggressive und beleidigende Reaktionen kommen, muß als erstes einmal geklärt werden, was alles (Jahre) vorher falsch gelaufen ist. Die meisten Erziehungsfehler geschehen unbewußt und sehr subtil. Da reicht es schon, wenn der Vater »hüh« sagt, die Mutter »hott« und die Oma »hühott«.

Kinder brauchen eine gerecht und konsequent handelnde Autorität; sie brauchen Grenzen, die überzeugend dargelegt werden. *Heute* so und *morgen* so, nicht heute *so* und morgen *so*.

Dieter ist 14 Jahre alt. Wiederholt kommt er abends zu spät nach Hause. Seine Eltern stellen ihn zur Rede, als er wieder einmal um Mitternacht in sein Zimmer schleicht.

Vater: »Dieter, wo kommst du jetzt her?«

Dieter: »Ich war beim Michael. Wir haben uns Videos angeschaut.«

Vater: »Es ist Mitternacht. Du weißt, daß du bis halb elf spätestens zu Hause sein sollst.«

Dieter: »Ich bin alt genug, um selber zu entscheiden.«

Vater: »In manchen Dingen ja. Aber in diesem Punkt gehst du zu weit. Deine Leistungen sind gefährdet, Dieter. Auch wenn dein Freund größere Freiheiten hat, so bin ich nicht gewillt, stets das zu machen, was andere tun. Dein Zuspätkommen geschieht mir zu oft. Denk mal an die Schule und an deinen Schlafmangel.«

Dieter: »Schule, Schule, Schule. Ich kann es nicht mehr hören.«

Vater: »Das ist derzeit dein Job. Und der verlangt einiges von uns allen. Mir hat die Schule auch nicht sonderlich geschmeckt. Da mußt du jetzt durch. Also bitte, Dieter, reiß dich zusammen und lern auch mal, unattraktive Wünsche deiner Eltern ernst zu nehmen. Jetzt geh zu Bett. Gute Nacht.«

Dieter: »Gute Nacht!«

Ich weiß nicht, wie Dieter dieses Gespräch aufnehmen wird. Ob er gehorcht? Auf jeden Fall wird er keinen Grund haben, die nächtliche Auseinandersetzung anzuprangern; sie war korrekt und fair. Wird er dennoch seinen Kopf durchsetzen, müssen konkrete Maßnahmen angekündigt werden. Die Argumente sind natürlich auf beiden Seiten zu hören. Kinder berufen sich meist auf die Freiheit der Freunde, auf die altmodische Gesinnung der Eltern, auf deren mangelndes Verständnis. Es wird nicht immer ohne Spannungen gehen. Je mehr die Erzieher gelungenes autonomes Verhalten ihrer Kinder anerkennen und sie zu eigenständigen Handlungen ermutigen, desto eher hören die Kinder auf Mahnungen und Warnungen ihrer Eltern. Wird hingegen mehr getadelt, geschimpft, eingeengt als gelobt und ermutigt, folgt der Trotz. Es gilt die Regel: Sagt den Kindern, wie und wo sie gut sind, und sie hören auf, schlecht zu sein. Sagt den Kindern, welche Rechte sie haben, und sie werden ihre Pflichten anerkennen. Es geht in der Pädagogik wie im Christentum um eine therapeutische Vorgehensweise, in zweiter Linie erst um eine moralische.

Mitunter entspringt die Rebellion des Menschen der Lust nach Macht. Er hat die schwächeren Argumente, gibt aber nicht nach. Er protestiert um des Protests willen.

Ein Reisender gab dem Speisewagenkellner seine Bestellung auf. »Zum Nachtisch möchte ich Obsttörtchen und Eis!«

Der Kellner sagte, sie hätten keine Obsttörtchen. Der Mann explodierte: »Was? Keine Törtchen? Das ist absurd. Ich reise nun schon seit Jahren mit dieser Bahn und habe Hunderte von Tonnen Fracht mit dieser Bahn befördern lassen. Und da gibt es keine Obsttörtchen. Ich werde das mit dem Vorstand besprechen.«

Der Küchenchef rief den Kellner zu sich: »Wir können diese Törtchen bei der nächsten Station besorgen.«

Daraufhin brachte sie der Kellner dem Gast: »Ich bin froh,

Ihnen sagen zu können, daß unser Küchenchef diese Tört-
chen speziell für Sie gemacht hat. Wir erlauben uns, Ihnen
dazu diesen 75 Jahre alten Cognac anzubieten mit Emp-
fehlungen von der Eisenbahngesellschaft.«
Der Reisende warf wütend seine Serviette auf den Tisch
und schrie: »Zum Teufel mit den Törtchen! Ich möchte
wütend sein.»
(Anthony DeMello: Wer bringt das Pferd zum Fliegen?
Freiburg 1989, S. 128)

Gelegentliche Frechheiten gehören zur gesunden Ent-
wicklung des Menschen, der sich aus der völligen Abhängigkeit zur Selbstständigkeit durchringen muß. Wenn gut-
willige Kinder sich im Ton vergreifen, merken sie es oft
selber. Da genügt ein erstaunter Blick oder die Bemerkung: »Gefällt dir der Ton?« oder: »Willst du mich mit
diesem Ton verletzen?«
Das energische Verbitten greift auf Dauer nicht; Gespräche erfordern mehr Zeit, lohnen sich aber. Kinder testen
die Erwachsenen, indem sie sie reizen, provozieren, ver-
unsichern. Reagiert der Erwachsene darauf mit Souveräni-
tät und Humor, nimmt er jeder Aggression die Spitze. Vor
allem: Man sollte die Attacken niemals persönlich nehmen! Junge Menschen brauchen gerade dann Liebe, wenn
sie sie nicht »verdient« haben.
Jesus selber empfiehlt uns eine faire Auseinandersetzung;
er sagte nirgendwo: »Halt deinen Mund, füge dich!« Er
ermutigte die Menschen, ihre Not und ihre Gefühle zu artikulieren (siehe Lukas 17,3 und Matth 18,15 ff.). Eine solche Streitkultur schützt vor verschlüsselten Reaktionen,
die wiederum neue Verletzungen nach sich ziehen können.

94

Der Wütende soll nicht die Türen laut zuschlagen oder tagelang schmollen oder in Ironie und Sarkasmus fallen, sondern offen über seinen Ärger sprechen. Und der andere sollte zuhören. So etwas muß gelernt werden, zu Hause und in den Schulen.

Weshalb die herkömmliche Beichtpraxis geändert werden muß

Nicht selten bekennen jene Christen, die noch zur Beichte gehen, den Ungehorsam oder den Streit als Sünde. Frage ich nach der konkreten Situation, kommt heraus, daß nicht die Verweigerung einer Bitte das Schuldgefühl auslöste, sondern der Terror, den der enttäuschte Bittsteller machte. Mitunter war das ablehnende Verhalten sogar richtig; lediglich die Reaktion des Partners oder der Eltern war schuldzuweisend.

»Ich habe oft mit meinem Mann Auseinandersetzungen; es gibt Streit, weil ich anderer Meinung bin. Dann spricht er tagelang nicht mehr mit mir. Ich bin dann verletzt und reagiere selber verletzend.« Eine solche Äußerung offenbart die Not, die heute viele Eheleute miteinander haben: sie haben nie gelernt, richtig zu streiten, einander zu tolerieren, Gefühle und Meinungen des anderen ernst zu nehmen. Diese Not gehört eigentlich in die psychotherapeutische Aussprache, nicht ins Beichtzimmer. Aber kommunikative Unfähigkeit und zugrundeliegende Verletzungen sowie persönliche Schuld und Sünde sind nicht zu trennen; deshalb plädiere ich für mehr psychologisches Einfühlungsvermögen auf Seiten des Priesters.

Ein Kind beichtet: »Ich habe mich mit meinem Bruder gestritten.« Oder: »Ich war meinen Eltern gegenüber ungehorsam.« Hier wäre nachzuhaken, was wirklich vorlag. Sonst besteht die Gefahr, daß das Kind jede notwendige Auseinandersetzung und jede Gehorsamsverweigerung als Sünde auffaßt und künftig um der Harmonie willen solche Konflikte meiden will. Diese Vermeidung ist aber allzu oft keine Tugend, sondern eher Unfähigkeit. Es geht nicht um Streitvermeidung, sondern um Streitkultur.

Ein Kind bekennt eine Lüge. Näher befragt, schildert es die Situation. Als die Lehrerin es fragte, ob sein Banknachbar bei ihm abgeschrieben habe, log es und sagte: »Nein.« Es wäre sich als Verräter vorgekommen, hätte es die Wahrheit gesagt. Außerdem wäre sein soziales Prestige in der Klasse dahin gewesen. Hier stoßen zwei ethische Werte zusammen: Wahrheit und Klugheit. Der eigentlich Schuldige ist die Lehrerin, die solche Fragen nicht stellen sollte.

Eine Frau schildert ihre kaputte Ehe. Ihr Mann ist Alkoholiker. Es gibt viel Geschrei, Tränen, Schläge. Dennoch ist sie ihm »untertan«, wie sie es von Kind auf gelernt hat. Sie spielt ihm den Orgasmus vor, täuscht ihn also, was sie auch prompt im Beichtgespräch bekennt: »Ich habe meinen Mann mehrfach betrogen.«

In vielen Fällen weise ich darauf hin, daß keine wirkliche Schuld vorliegt, vielmehr eine Not, auch eine momentane Aussichtslosigkeit, überhaupt richtig reagieren zu können. Die Menschen fühlen, daß sie sich oder dem Leben durchaus etwas schuldig sind, wissen es aber nicht richtig einzuordnen. Sie machen es fest an den Reaktionen der Mitmenschen und bezeichnen irrigerweise ein Verhalten, das den anderen ärgert, als Sünde.

Auf diese Not und auf die dahinter steckenden seelischen Probleme gehen in der Regel die Priester nicht ein. Sie haben es nicht gelernt. Gelegentlich spüren sie selber diesen Mangel und wären dankbar für eine Weiterbildung auf diesem Gebiet, die ohne Rollenspiele und praktische Fallübungen nicht auskommen wird.

Nun kann man einwenden, die Beichte sei schließlich keine Psychotherapie oder psychologische Beratungsstunde; hier geht es allein um die Reue und um das Sakrament der Versöhnung. Richtig. Aber wenn dem Menschen geholfen werden soll, wenn er also an seinen Sünden arbeiten soll, um sie künftig zu meiden, dann kommen wir an einem intensiven Gespräch nicht vorbei. Die Tatsache, daß die meisten Christen schon längst Abschied vom Beichtstuhl genommen haben, hat folgende Gründe:

1. Das Schuldbewußtsein ist weggerutscht.
2. Viele sind vom Beichtpriester verletzt worden.
3. Die Einsicht, seine Sünden anderen zu bekennen, fehlt.
4. Es sind ja doch immer dieselben Sünden; das ganze Beichten hat keinen Zweck.
5. Der Priester kann mir auch nicht helfen; Gott wird mir auch so vergeben.

Punkte 2 und 4 könnten vermieden werden, wenn der Priester mehr psychologische Kenntnisse hätte und im Gespräch auch eine beratende, begleitende Funktion wahrnähme.

Sicher muß auch die Form geändert werden: Gespräche nicht mehr im muffigen, unbequemen Beichtstuhl, sondern in einem freundlichen, hellen Zimmer oder – bei jun-

gen Menschen beliebt – beim Spaziergang. Das Wort
»Seelsorger« bedeutet griechisch »Psychotherapeut«.

Manchmal kommen Menschen zu mir in die Praxis, die
nicht im geringsten daran denken, ein Schuldbekenntnis
abzulegen. Sie wollen lediglich ein Beratungsgespräch.
Wenn ich aber spüre, daß ihnen ihre Verhaltensweisen
leid tun, und sie schon seit langer Zeit nicht mehr beichten waren, dann biete ich ihnen die sakramentale Los-
sprechung an. Sie nehmen mein Angebot stets dankbar
an; etliche haben dadurch wieder Zugang zur Beichte gefunden.

In vielen Beichtgesprächen bekomme ich nur seelische
Nöte zu hören, keine wirklichen Sünden. Die Leute sind
erdrückt vom Streß, haben vielleicht neben den beruf-
lichen Belastungen noch einen Pflegefall zu Hause oder
ein psychisch krankes Familienmitglied. Sie fühlen sich to-
tal überfordert und explodieren bei geringfügigen Anläs-
sen. Appelle an den guten Willen richten nicht viel aus; die
Kinder gehen nicht mehr zur Kirche oder kümmern sich
kaum um die Eltern. Angesichts solcher Umstände muten
Bekenntnisse wie »Ich war beim Beten unandächtig«, »Ich
habe heilige Namen mißbraucht, habe geflucht«, »Ich
habe mich mit meinem Mann und den Kindern gestritten«
und »Ich habe Glaubenszweifel gehabt« wie Säbelrasseln
an, das auf Nebenschauplätzen stattfindet. Die wirkliche
Schuld kommt kaum vor: Rachsucht, Mißgunst, Betrug,
Ehebruch, Abtreibung, Diebstahl, wirkliche Verfluchun-
gen …

Es gibt schwere, läßliche und unerläßliche Sünden; mit
den »unerläßlichen« meine ich die alltäglichen Reibereien,
die vielleicht Schuld*gefühle* hinterlassen, aber nicht unbe-

dingt eine objektive Schuld, sprich: eine gewollte Lieblosigkeit.

Meistens werden Symptome aufgezählt, die zweifellos Schwachpunkte sind, aber keineswegs eigentliche Sünde im Sinn von Absondern von Gott. Ungehorsam und Streit sollten in den geistlichen Gesprächen hinterfragt werden. So manches, was als Sünde definiert wird, ist keine. Es ist das Unvermögen, zwischen den widersprechenden Gefühlen und Antrieben, zwischen innerer und äußerer Stimme auszuloten. Menschen mit einer ausgeprägten Harmoniesucht empfinden unterschiedslos jede Auseinandersetzung als schuldbeladen. Wie man richtig streitet und Gefühle ausdrückt, wie man die Worte des Partners versteht und entschlüsselt – das alles sollte endlich einmal in den Schulen gelehrt werden.

Es kann nicht angehen, daß im derzeitigen katholischen Gebetbuch unter Gewissensspiegel die Kritik an der Kirche als Sünde genannt wird. So etwas irritiert. Hier muß differenziert werden; schließlich darf eine kritische Bemerkung zu fragwürdigen Vorgängen auch innerhalb der Kirche niemals kriminalisiert werden.

Insgesamt befriedigt die gängige Beichtpraxis nicht. Ich verstehe, wenn junge Menschen fernbleiben. Es hat auch etwas mit dem allgemeinen Glaubensverlust zu tun und mit der Bequemlichkeit. In Medjugorje beispielsweise gehen Tausende von Jugendlichen zur Beichte; allerdings finden dort auch längere Gespräche statt; die Atmosphäre ist sehr persönlich und sogar fröhlich. Man merkt, daß die Beichte ein Fest der Versöhnung ist. Und man darf nicht vergessen, daß dieser Ort ein besonderes Charisma hat. Wenn die Gottesmutter die monatliche Beichte empfiehlt, so auch deshalb, weil kürzere Zeitabstände überschaubar sind und eine Veränderung meines Lebensstils eher ermöglichen. Aber auch hierbei ist nicht allein das Aufzählen von Symptomen bedeutsam, sondern die Arbeit an der Wurzel.

Bei unseren evangelischen Mitmenschen ist die Beichte »verlorengegangen«. Das seelsorgerliche Gespräch ist an ihre Stelle getreten. Jeder Christ kann sich vor Gott stellen und um Vergebung bitten, auch für den anderen. Darin begründet Luther das Priestertum der Gläubigen.

Männer können nicht zuhören, Frauen reden zuviel

Viele Streitigkeiten, Ehekrisen und Scheidungen könnten vermieden werden, wenn wir die genetischen Eigenarten des eigenen und des anderen Geschlechts kennen und respektieren würden. So ist es eine neurophysiologisch bedingte Tatsache, daß Männer nicht richtig hinhören, weil sie ausschließlich mit der linken Gehirnhälfte hören. Und reden. Erleidet der Mann auf dieser Hälfte einen Schlaganfall, ist er stumm. Eine Frau hingegen plappert munter weiter, weil sie auch noch auf der rechten Gehirnhälfte Regionen aktiviert, die für das Reden zuständig sind.

Überhaupt fällt es auf, daß Frauen ständig mit beiden Gehirnhälften arbeiten, während Männer vornehmlich links aktiviert sind, d. h. sie tun sich schwer, etwas rein intuitiv zu erfassen. Das erklärt auch, warum Frauen einen besseren Zugang zu mystischen, religiösen Fragen haben. Wenn Frauen jedoch unter Druck stehen, reden sie, ohne zu denken, während gestreßte Männer handeln, ohne zu denken. Verstehen Sie nun, warum neunzig Prozent aller Gefängnisinsassen Männer und neunzig Prozent aller Menschen, die zum Psychotherapeuten gehen, Frauen sind?

Frauen können versteckte Botschaften entschlüsseln, während Männer sie direkt auffassen und oft genug mißverstehen.

Ein Mädchen wird den Teddybär, den ihr Tante Ida schenkt, zum besten Freund machen; ein Junge wird ihn zerlegen, um zu schauen, wie er funktioniert, und sich dann dem nächsten Spielzeug zuwenden. Im Klartext: Männer mögen Sachen, Frauen Menschen.

Wenn nun Buben ungehorsam sind, dann deshalb, weil sie sich in ihrem Status als Mann und Eroberer zurückgesetzt fühlen; Mädchen protestieren, wenn überhaupt, weil ihre Gefühle verletzt sind.

Es ist etwas anderes, ob ich einen Jungen oder ein Mädchen auffordere, sich jetzt sofort für sein freches Verhalten zu entschuldigen. Buben empfinden ihr Verhalten eher als einen Akt des Kämpfens und des Suchens nach anderen Lösungen; währenddessen können sie nicht zuhören. Mädchen hingegen haben kein Problem damit, sich irgendwelchen Dingen zuzuwenden und gleichzeitig zuzuhören, was Mutter sagt. Das hängt mit dem Testosteronspiegel zusammen, der bei halbwüchsigen Burschen bis zu zwanzigmal höher liegt als bei den gleichaltrigen Mädchen. Dieses Hormon macht kämpferisch, angriffslustig, aggressiv. Das macht es dem Mann auch so schwer, die Tränen seiner Frau kommentarlos hinzunehmen. »Hör mit dem Weinen auf!« Oder: »Jetzt werd nicht hysterisch!« lautet seine Reaktion.

»Hörst du mir auch zu?« fragt Lisa ihren Mann, der gerade die Zeitung liest.

»Ja, ich höre«, brummt ihr Gatte.

»Ich habe gesagt, du sollst den Herrn Hank anrufen, der wegen der Firma Maier heute morgen anrief, die die Rohre liefern will, die du bestellt hast. Die wollen wissen, wohin sie liefern sollen.«

»Hm.«

»Kannst du das jetzt bitte tun. Herr Hank wartet.«

»Was ist? Was soll ich?«

»Hörst du mir überhaupt zu?«

»Was hast du gesagt?«

Männer sind unge-*hör*-sam; sie können nicht Zeitung lesen und gleichzeitig hören, was andere sagen. Frauen schaffen das. Sein Gehirn ist so auf die eine Tätigkeit konzentriert, daß nichts sonst ankommt. Auch ist er nicht imstande, einen Stadtplan zu lesen und gleichzeitig Musik im Autoradio zu hören, was eine Frau problemlos schafft. Und das ärgert ihn:

»Mach doch mal das Gedudel aus. Man kann sich ja nicht konzentrieren.«

»Aber Schatz, die Musik ist doch sehr schön. Du bist gestreßt.«

»Ich bin nicht gestreßt. Ich kann nur nicht zwei Dinge auf einmal tun.«

Viele unnötige Auseinandersetzungen entstehen aufgrund solcher Unverständnisse. Frauen, die Frust haben, suchen das Gespräch, und wenn der Mann nicht zuhört, rufen sie ihre Freundin an: Dann schimpft er über die hohen Telefonkosten. Kommt sie hingegen zu ihm, um sich auszusprechen, fängt er gleich an, Lösungen anzubieten, statt nur zuzuhören. Die Frau will aber keine Lösung, sondern zwei Ohren. Hat der Mann Probleme, wird er an seinem Wagen den Auspuff reparieren oder den Gartenzaun erneuern; kurz: Er schafft es nicht, über seine Gefühle zu sprechen. Weil er links denkt und handelt.

Er: »Kannst du nicht einmal richtig den Wagen in die Garage zurücksetzen? Du lernst es wohl nie! Das ist nur eine Frage des richtigen Einschlagwinkels.«
Sie: »Ach. Und weshalb gelingt es dir nicht, beim Aldi diese eine Zahnpasta im Regal zu finden? Ist doch wohl nur eine Frage des richtigen Blickwinkels, oder?«
Er: »Das ist ja wohl ein Unterschied. Das Regal ist unübersichtlich mit allem möglichen Kram gefüllt. Die Garage ist leer.«
Sie: »Leer? Ich glaub, du bist blind. Ich gebe zu, daß ich schlecht einparken kann. Dafür kannst du nicht einkaufen gehen.«

Recht hat sie, die Ehefrau. In der Tat tun sich Frauen schwer mit dem Einparken, weil sie kein so gutes räumliches Vorstellungsvermögen haben wie Männer. Dafür finden Männer die eine bestimmte Zahnpasta im Regal nicht, weil ihr Blickfeld schmaler ist als das der Frauen. Man muß es nur wissen, um Ärger zu vermeiden. Die Garage ist nicht leer; nur der Mann mit seinem engen Blickfeld sieht das Durcheinander nicht, wenn er einparkt, weil er sehr gut auf den Zielpunkt schauen kann, während seine Frau mit ihrem Weitwinkel alles herumliegen sieht.

Ungehorsam muß nicht immer trotzige Verweigerung des Gehorsams sein. Er ist allzu oft nur die Folge eines Mangels an Einsicht und Fähigkeit. Wir sollten daher nicht Dinge verlangen, die den anderen überfordern.

Klaus ist sechzehn Jahre alt. Er soll im Möbelhaus eine Kommode abholen, die für die Diele vorgesehen ist. Als Klaus sie sieht, weiß er genau, daß sie nicht passen wird. Sie ist zu groß. Er telefoniert: »Mutter, die Kommode ist zu groß.«

Die Mutter entgegnet: »Niemals. Komm jetzt und bring sie mit.«

Klaus: »Ich sag dir, die ist zu groß. Miß mal aus.«

»Jetzt hör auf damit. Bring die Kommode her.«

Klaus schleppt sie an und tatsächlich: sie paßt nicht.

»Du hast Recht. Woher hast du das gewußt?«

Klaus: »Das weiß ich eben. Dafür habe ich einen Blick.«

Richtig. Das ist das fast untrügliche räumliche Vorstellungsvermögen des Mannes. Und wieviel Streit gibt es wegen solcher und anderer Vorkommnisse! Es ist nicht klug von Frauen, davon auszugehen, daß Männer wissen, was Frauen gerade brauchen, und ihnen dann, wenn sie es nicht wissen, Gefühllosigkeit oder Desinteresse vorzuwerfen. Es ist ebenso unklug von Männern, die intuitive Gabe des Voraus- und Hellsehens bei ihren Frauen als »Einbildung« abzutun. Beide haben ihre spezifischen Fähigkeiten und Grenzen. Die zu kennen und im Alltag zu berücksichtigen, ist die beste Voraussetzung für eine harmonische Beziehung. Wir müssen lernen, aufeinander zu hören und das Gehörte manchmal auch zu entschlüsseln. Wenn Sie noch mehr über die Unterschiede zwischen

Mann und Frau wissen möchten, empfehle ich Ihnen das amüsante Taschenbuch »Warum Männer nicht zuhören und Frauen schlecht einparken«, von Allan und Barbara Pease. Ullstein TB 35969.

Einmischen ist nicht jedermanns Sache

Wir lesen es täglich in den Zeitungen: Da liegt ein Nachbar bereits seit Monaten tot in seiner Wohnung; obgleich der Briefkasten überquillt und ein seltsamer Geruch durch das Treppenhaus weht, kümmert sich keiner darum.

Da hören die Nachbarn und Straßenpassanten immer wieder Schreie aus dem zweiten Stock eines Hauses; aber keiner fragt nach, was denn da los ist.

In der U-Bahn können betrunkene Rüpel einen Fahrgast angreifen, niemand wagt es, diesem Pöbel Einhalt zu gebieten.

Aber abends sitzen Millionen vor dem Fernseher und verfolgen gespannt – zurückgelehnt in ihren bequemen Sesseln –, wie Bösewichte endlich besiegt werden und für ihre menschenverachtenden Taten büßen müssen. Ein Film, in dem die Bösen siegen, ist ein schlechter Film. Im Herzen fühlen alle, daß das Gute unbedingt die Oberhand behalten muß. Aber nur wenige dieser Zuschauer würden im alltäglichen Ernstfall eingreifen; da muß zuerst die eigene Haut gerettet werden. Am besten, man hält sich raus!

Gegen die Demütigung eines Arbeitskollegen im Beruf oder eines Mitschülers in der Klasse und auf dem Pausenhof zu protestieren, erfordert Selbstbewußtsein und Mut. Wer lehrt uns beides?

Natürlich, wer ständig nörgelt und sich einmischt in private Belange, wer das Rechthaben auf die Spitze treibt, wird scheitern wie einst Michael Kohlhaas, die literarische Kämpferfigur aus Heinrich von Kleists gleichnamiger Erzählung. Versöhnung und Rücksichtnahme auf Rechte anderer sind wichtiger als Rechthaberei.

Unsere Demokratie braucht auch den couragierten Geist der Bürger. Kritik, Widerspruch, Protest, Unbequemlichkeiten von Abweichlern sind wichtige Signale. Letztlich ist der Konflikt zwischen Gewissen und Staatsraison nicht zu lösen.

Regelverletzungen und Einmischungen auf der einen Seite, Kadavergehorsam und Feigheit auf der anderen Seite machen es nicht leicht, das rechte Maß zu finden. Es ist eine gewagte Reise zwischen Skylla und Charybdis.

Wer Erfolg beim Einmischen haben will, muß an die Öffentlichkeit gehen. Je mehr davon erfahren, desto eher konzentriert sich eine verbündete Kraft gegen das Unrecht. So ist die stärkste Macht, die einer haben kann, die Geheimhaltung; und seine größte Schwäche die Angst vor Bekanntmachung.

»Das bringt doch nichts!« hört man gelegentlich aus dem Mund derer, die Widerspruch für zu aufwendig halten oder Angst davor haben. »Da kann man nichts machen« lautet die Reaktion der Schwachen und Phantasielosen. So bleibt alles beim alten und jeder sieht zu, wie er nach seiner Fasson selig werden kann. Hauptsache: Ich bekomme keinen Ärger.

Eine Maus verirrte sich im Keller. Jemand ließ die Katze in den Keller, und nun begann es: Die Katze spielte mit der Maus auf Leben und Tod; am Ende war es klar, wer siegen würde. Da gab es keinen Ausweg mehr. Doch da öffnete sich plötzlich die Kellertür; jemand trat ein und sah das tödliche Spiel der Katze mit der Maus. Er ging auf die Katze zu und ermöglichte so der Maus, ins Freie zu flüchten.

Einmischung hat oft Gegenwehr zur Folge, im schlimmsten Fall kann sie das Leben kosten, wie es in totalitären Systemen zur Genüge bewiesen wurde. Wer sich für andere einsetzt oder auch für sich selber Recht einklagt, kann einsam werden. Wir sind sehr wohl »der Hüter unseres Bruders« und können uns nicht aus der sozialen Verantwortung schleichen, indem wir uns darauf berufen, das alles ginge uns nichts an.

Jesus hat sich eingemischt und Ärger gemacht. Johannes der Täufer hat sich eingemischt und dafür mit dem Leben bezahlt. In manchen Fernsehsendungen wird Bürgern zu ihrem Recht verholfen, indem man deren Schicksale öffentlich macht und das Unwesen der Bürokratie anprangert. Tatsächlich geschieht heute sehr viel Unrecht durch die starre Anwendung von Gesetzen, ausgelegt von Personen, die weder Mut noch Freiheit haben, die Gesetze situationsgerecht anzuwenden. Besonders schlimm wird es dann, wenn Menschen zu Schaden kommen, weil andere aus purer Feigheit oder Dummheit nicht eingreifen.

Ein Hochzeitspaar wird von einem maskierten Räuber überfallen. Er zeichnet mit Kreide einen Kreis auf den Boden und befiehlt dem Mann, sich in den Kreis zu stellen.

»*Verlassen Sie den Kreis auf keinen Fall, ansonsten er-schieße ich Sie*«, sagt der Räuber.

Während also der Ehemann mitten im Kreis stand, schnappte sich der Räuber die Braut und tanzte mit ihr. Schließlich wollte er sie vergewaltigen, doch sie wehrte sich heftigst, und der Räuber floh.

»*Warum hast du mir nicht geholfen?*« rief die Braut.

»*Stehst im Kreis da und rührst keinen Finger, Feigling!*«

»*Es stimmt nicht, daß ich nichts tat. Immer, wenn der Räuber mir den Rücken zuwandte, habe ich meinen Fuß aus dem Kreis herausgestreckt.*«

(Anthony DeMello: Der Dieb im Wahrheitsladen. Freiburg 1997, S. 257)

Gewiß rühren viele Menschen den Finger und setzen reflexhaft Abwehrmechanismen in Gang, wenn es darum geht, für Rechte anderer einzutreten; doch sie tun es nicht konsequent genug. Sie haben Angst vor dem Täter, vor den Bürokraten, vor den Mächtigen und Vorgesetzten. Wenn man genauer hinschaut, entdeckt man diese Angst bereits im Kindes- und Jugendalter. Sie waren angepaßte und »wohlerzogene« Kinder, die kaum dazu ermutigt wurden, sich gegen Unrecht aufzulehnen. »Sei still, sonst wird es noch schlimmer«, sagte die Mutter zu ihrem Sprößling, der sich über das flegelhafte Benehmen eines Lehrers beklagte. »Halt den Mund und denk dir dein Teil«, empfahl der Mann seiner Ehefrau, als diese sich über das demütigende Verhalten ihres Chefs einer Kollegin gegenüber beschweren wollte. »Es ist besser, du hältst dich da heraus, als daß du am Ende den Arbeitsplatz verlierst.«

Solche Worte zeugen von einem Mangel an Zivilcourage, der auf das Fehlen eines stabilen Selbstwertgefühls schließen läßt, was wiederum Folge einer anpassenden Erziehung sein kann.

Früher gab es auf den Zeugnissen die Benotung in »Betragen«. Wehe dem, der mit »befriedigend« daherkam; er galt bereits als frech und ungezogen. Und »frech« waren stets jene Antworten eines Schülers, die ungebeten kamen, ins Schwarze trafen und von Schlagfertigkeit und Treffsicherheit zeugten.

Als ein Lehrer mir wieder einmal ein »mangelhaft« in der Klassenarbeit bescheinigte, begnügte er sich nicht damit, mir diese schlechte Leistung sachlich darzulegen, sondern er stellte mich vor der ganzen Klasse bloß mit der Frage: »Hast du in deiner Wüste des Nichtwissens auch noch Oasen des Wissens?« Ich war zutiefst gekränkt und bündelte meine aggressiven Kräfte, stand auf und antwortete: »Ich habe Oasen des Wissens, aber die Kamele finden sie nicht!«

Diese Reaktion wurde als frech und unverschämt betrachtet. Aber von da an hielt sich der Lehrer mir gegenüber zurück mit seinen Kommentaren. Es ist eine Erfahrung: Wer sich wehrt und seine Würde verteidigt, erhält Respekt. Wer es aus Angst nie tut, verliert seine Würde und wird zum Opfer.

Heilige beweisen es: Gottgefälligkeit besteht nicht im Angepaßtsein

Jesus verhielt sich nicht konform; der einzige Maßstab war seine Verpflichtung dem himmlischen Vater gegenüber. Das aber regelten nicht immer die staatlichen Gesetze, auch nicht die Ratschläge der Mitmenschen. Er ignorierte schlichtweg gesellschaftliche Gepflogenheiten und fürchtete sich nicht, sich lächerlich zu machen. Er war ein Exzentriker, wie Hannelore Hippe in einer WDR-Fernsehsendung so trefflich darlegte.

Solche unangepaßten Menschen, die auf das Wesentliche hören, nämlich auf das Gewissen, auf die Not der Mitmenschen, auf den »Ruf der Stunde«, leben gesünder. Ihr Stresspegel ist niedrig, da sie sich den gesellschaftlichen Erwartungen nicht anpassen. Es ist ihnen auch egal, was andere über sie denken. Nonkonformismus, Humor und Originalität im Denken zeichnet sie aus.

Nehmen wir Filippo Neri, Roms bekanntesten Heiligen im Jahr 1530. Er war ein Stadtstreicher, der die Renaissance-Kardinäle öffentlich durch den Kakao zog, indem er mit großem Kardinalshut und roter Schleppe durch Roms Gassen zog. Er ist von zu Hause in Florenz abgehauen. In den kirchlichen Berichten heißt es, er sei »sein Leben lang außerordentlich sensibel geblieben für den Charme junger Männer«, immerhin war er ein hübscher Mann mit den blauen Augen der Florentiner. Unverschämt fromm ist er, heißt es. Er hatte Ekstasen und Zeiten geistlicher Trockenheiten. Man lachte ihn aus in Rom wegen seiner Verzückungen, die ihn in peinliche Situationen gebracht haben. So fanden ihn eines Morgens seine Freunde nackt neben dem Bett stehen, die Hose in der Hand, den Blick ekstatisch nach oben gerichtet. Er schlägt zurück mit Witz über sich, den Papst und die Kardinäle. Sein freches Mundwerk und sein frommes Herz begeistern viele Römer. In der Kirche ließ er sich einmal vom Friseur den Bart schneiden. Filippo Neri wurde gerade dadurch heilig, daß er alles anders machte. Er wurde 80 Jahre alt. Würde er heute so leben, käme er in die Klapsmühle.

Ein völlig anderer Mann ist Thomas Morus, Zeitgenosse von Neri. Alles andere als dem König hörig und untertan, prangerte er dessen Scheidung von Katharina und Wiederverheiratung mit Anna Boleyn an und verweigerte den Eid, der die Lösung der Kirche Englands von Rom für rechtens hielt. Das kostete ihn das Leben. Doch auch in den letzten Stunden seines Daseins hatte er den Humor nicht verloren. Nach der Verurteilung sagte er in der Westminster Hall: »Mylords, ich hoffe, daß wir uns im Himmel wiedersehen. Und daß wir dort zusammen fröhlich sind!« Und am Schafott schiebt er seinen im Kerker gewachsenen Bart beiseite mit den Worten: »Mein Bart hat schließlich keinen Hochverrat begangen.« Würde er heute leben, gälte er als erzkonservativ und papsttreu und würde zumindest in Deutschland und in der Schweiz als Ewiggestriger ausgegrenzt.

Eine der originellsten Nonnen, die ich kenne, ist Theresia von Avila. Mutig, schlagfertig und nonkonform wagte sie es, alles anders zu machen als der nächstbeste Heilige. Mehr als ein Dutzend leerstehender Häuser hat sie besetzt und zu Klöstern umfunktioniert. Dabei kam es oft genug zu heftigen Auseinandersetzungen mit der kirchlichen Behörde, mit den Bürgern der Stadt. Man schalt sie eine Spinnerin, die von Paul VI. erhobene »Lehrerin der Christenheit«. »Nie ist es mir gelungen«, erinnerte sie sich, »meinen Verstand jemandem unterzuordnen, dem es daran fehlt.« Gegen den Willen des Vaters geht sie ins Kloster. Dort bekommt sie Schwindelanfälle und Magenkrämpfe, schließlich eine Lähmung; man hält sie für tot. Dann nach vier Tagen steht sie plötzlich auf. In Rom besorgt sie sich unter Umgehung aller Amtswege die nötigen Papiere zur Erhaltung ihrer Klöster; sie besetzt stets im Morgengrauen die leeren Häuser und gewinnt so siebzehn Klöster. Schlau ist sie und zäh. Als die Herren von der Heiligen Inquisition vor der Tür stehen, um sie wegen unerlaubten Predigens zu belangen, stellt sie sich dieser Gruppe mit ausgesuchter Höflichkeit. Das rettet sie. Freche Briefe schrieb sie, so an Pater Ambrosio Mariano de San Benito: »Wenn ich mir überlege, in was für einer verfahrenen Situation Sie mich sitzengelassen haben, fällt mir nur noch ein: Verflucht sei der Mann!« Sie wurde nicht ganz 70 Jahre alt. Würde sie heute leben, würde sie wegen Ungehorsams abgesetzt und »beurlaubt«.

Fern aller Heiligenlegenden sind die wahren Biographien der Heiligen eine harte Kost. Johannes vom Kreuz, der persönliche Freund und Leidensgenosse der Theresia von Avila, wurde von seinen eigenen Mitbrüdern in die Kerkerzelle von Toledo verbannt, weil er in kirchlichen Rechtsfragen anderer Meinung war und seinen Orden reformieren wollte.

Er wollte seine Lebensbahn immer selber bestimmen und

verweigerte seinem Vater hierin die Gefolgschaft. Er war ein Individualist. Auch im protestantischen Raum gibt es genügend Beispiele von Menschen, die um ihres Gewissens willen in arge Bedrängnis gerieten.

Martin Luther rang mit sich und erlitt große seelische Not in seiner Gewissensentscheidung, fragwürdige Vorgänge in der Kirche anzuprangern und abzulehnen (z. B. Ablaßhandel); der Pietist und Mystiker Gerhard Tersteegen setzte sich mit dem radikalen Pietismus auseinander, begann einen Umwandlungsprozeß und lebte zurückgezogen als geistlicher Begleiter vieler Menschen; Friedrich von Bodelschwingh gründete das diakonisch-caritative Werk Bethel und mußte sich später gegen das Euthanasieprogramm des NS-Staates wehren. Dietrich Bonhoeffer starb im Konzentrationslager, weil er, wie auch viele andere, gegen ein Regime der Unmenschlichkeit protestierte.

Immer wieder zeigt es sich, daß Heiligkeit in der Originalität besteht, vor allem im Hinhören auf die göttliche Stimme, die jeden anders ruft. Wie aber werden wir heute in der Pädagogik und in der religiösen Erziehung befähigt, auf diesen Ruf zu hören und ihn vom Wunsch der Mitmenschen und vom eigenen Bestreben zu unterscheiden? Dazu bedarf es der Courage, im Alleingang etwas zu riskieren; es braucht eine gehörige Portion (Selbst)Vertrauen und schließlich Humor, der um den guten Ausgang der Dinge weiß. So ändere ich das Wort von Erich Fromm ein wenig um und sage: Das Leben der Heiligen beginnt oftmals mit einem Akt des Ungehorsams und endet mit einem Akt des Gehorsams. Wer mehr darüber erfahren will, lese das köstliche Buch von Hans Conrad Zander: Die emanzipierte Nonne und andere Portraits von heiligen Individualisten (Stuttgart 1990).

Der geistliche Gehorsam ist notwendig

Bis jetzt habe ich ausreichend dargelegt, daß ein gesunder Eigenwille nichts zu tun hat mit Rebellion und daß Ungehorsam gewichtige Gründe haben muß. Es geht nicht um Beliebigkeit oder Pochen auf Individualität um jeden Preis. Wer frei ist, kann auch Grenzen aushalten. Wer auf Kosten anderer rebellisch um Freiheiten kämpft, wird nie wirklich frei.

Daß im Jahre 2001 nahezu fünfzig Priester im Bistum Freiburg den kirchlichen Amtseid verweigerten (den sogenannten Antimodernisteneid), ist fragwürdig. Auch der Staat verlangt von seinen Beamten Loyalität. Wo Priester ihre Treue zur Kirche und zum Papst nicht mehr beeiden wollen, stellt sich die Frage nach den tieferen Gründen.

Wir brauchen wieder Typen vom Format eines Thomas Morus, keine Freiheitskämpfer, die ein Aufbäumen gegen Forderungen des Papstes für eine mutige Angelegenheit halten. In unserer Zeit entdecke ich zunehmend eine Verwechslung von heiligem Geist und aufklärerischem Zeitgeist: Während ARTE einen Bericht über die religiösen Riten des Buddhismus in höchster Ehrfurcht ausstrahlt, machen bei RTL einige Moderatoren hämische Bemerkungen über die Wallfahrtspraxis der Christen in Marpingen. Im ZDF entrüstet sich ein bekannter Theologe unter viel Beifall des Publikums über den Papst und schimpft unter anderem über »den immer noch vorhandenen, mittelalterlich anmutenden Glauben an die Dämonen«, während im ORF ein fast zweistündiger Film über die exorzistischen Riten der nichtchristlichen Religionen läuft, der mit äußerst respektvollen, sachlichen Kommentaren gespickt ist. Der Geist der Zersetzung unserer eigenen Religion hat sich breit gemacht und kein Politiker oder Bischof empört sich darüber.

Da entpuppt sich vielfach die Toleranz als Gleichgültigkeit, die Originalität als Frechheit, die Kunst als Angriff auf die Religion, die Diplomatie als Verlogenheit, die Konsequenz als Sturheit und der Sachzwang als Unfähigkeit zum flexiblen Handeln.

Ich stelle fest: Wir Deutsche haben ein Problem mit der Ehrfurcht voreinander und vor Gott. Und das hat tiefenpsychologisch zu tun mit der seit 1945 fehlenden eigenen Würde. Wir Deutsche haben eine »Betroffenheitskultur« entwickelt: Der Begriff »deutsch« wird immer noch zu oft mit Schuldgefühlen besetzt.

Weltweit geschieht mehr Unrecht im Gehorsam weltlichen Belangen gegenüber. Das nenne ich Anpassung an den Zeitgeist. Und es geschieht zu wenig Gehorsam den geistlichen Belangen gegenüber. Das Gewissen regt sich normalerweise, wenn einer gegen die Liebe verstößt, egoistisch handelt, sich selbst zum Maßstab macht. Aber manche spüren ihr Gewissen nicht mehr. Oder sie meinen, es sei rein, weil sie es nie benutzen.

Selbstverständlich darf ich niemanden mit Gewalt zum Gehorsam zwingen. Und wer einmal in Freiheit eine Entscheidung getroffen hat, geht eine Verbindlichkeit ein, die nichts mit Zwang zu tun hat. Der Verheiratete geht die Verbindlichkeit der Treue ein; der Priester hat sich für den Zölibat entschieden. Daß einer schwach werden kann und sich verfehlt, ist eine Sache; daß er sich jedoch gegen sein Versprechen auflehnt und dieses Versprechen für unerträglich hält, ist die andere Sache.

Warum sollte sich jemand einem Gebot (oder Verbot) nicht beugen können, das nach viel Gebet und Prüfung aufgestellt wurde? Daß es keine Priesterinnen in der katholischen Kirche geben wird, macht einige Emanzen derart aggressiv, daß man sich fragen muß, ob sie je ihre eigene spezifische Gabe und Aufgabe erkannt haben. Abraham ist bereit, sein Liebstes herzugeben, weil Gott es fordert. Diese totale Hingabe hat es ihn zurückgewinnen lassen. Unsere Konsumgesellschaft will nichts hergeben, nichts teilen. Da protestiert die Pharmaindustrie gegen das Vorhaben der südafrikanischen Regierung, ein kopiertes, billigeres Medikament gegen Aids an die Armen abzugeben. Grund des Protests: Profiteinbuße. Zu guter Letzt lenkte die Industrie noch ein, nachdem die Proteste immer lauter wurden. Da werden Nahrungsmittel nach Verfallsdatum weggeworfen, obgleich sie durchaus noch verzehrbar sind und den Armen gegeben werden könnten. Aber nein, man beruft sich auf die Bestimmungen. Wo Profit ansteht, wird geheuchelt, wird gelogen.

Und nun haben wir die Quittung für unseren Ungehorsam: Seuchen, Katastrophen, Krankheiten, Zwiespalt und Streit. Und schon wieder bittet der Himmel um Umkehr und Versöhnung, um Gehorsam Gott gegenüber. Das alles kann wohl nur der begreifen, der vom Geist Gottes erfüllt ist. Gehorsame Hingabe an Gott (und seine irdischen Stellvertreter) bedeutet nicht Verzicht auf mein Leben, sondern Bereicherung; doch dies gelingt nicht ohne das Kreuz. Keine noch so ausgefeilte Psychotherapie vermag mir inneren Frieden und wahre Freiheit zu geben; das vermag allein der Gehorsam Gott gegenüber. Um zu erkennen, worin der Wille Gottes liegt, muß ich mein Gewissen schulen und befragen, muß ich mit Gott ins Gespräch kommen, d. h. beten. Hierin liegt meines Erachtens der Knackpunkt unserer Verwirrung: Wir beten nicht aufrichtig genug. Beten ist dreifach: mit Gott sprechen, auf ihn hören, nach seinem Willen leben. Dies muß gelernt und täglich praktiziert werden; denn allein den Betern wird es gelingen, die Welt zu verändern.

Weitere Bücher von Jörg Müller

Gott ist anders
Das Leiden an den falschen Gottesvorstellungen –
Wege zur Heilung
120 Seiten, kartoniert. ISBN 3-89511-005-1

Jede Neurose ist letztlich ein Leiden an Gott. Diese Erkenntnis von C. G. Jung mag verwundern oder ärgern. Nach vielen Jahren therapeutischer Tätigkeit sieht der Autor sie bestätigt. Das muß nicht heißen, daß jeder neurotisch wird, der an seinem Gott leidet.

Das Leiden an Gott ist vorwiegend ein Leiden an einem falschen Gottesbild, an der Vorstellung von einem bedrohlichen, angstmachenden und strafenden Gott. Jörg Müller weist in diesem Buch Wege zu tieferer Einsicht und zu einer befreienden Gottesbeziehung.

Ich hab dir was zu sagen, Herr
Gebete für alle Zeiten
96 Seiten, kartoniert. ISBN 3-89511-008-6

»Beten bedeutet Hören auf Gott. Deshalb wollte ich zuerst ein Buch schreiben mit dem Titel: Rede, Herr, dein Diener hört. Das Buch hätte nur leere Seiten gehabt, damit jeder das Gehörte darin hätte niederschreiben können. Beten meint auch Handeln für Gott. Das hätte gar kein Buch erfordert. Beten heißt schließlich Reden mit Gott. Und weil so viele Christen nicht wissen, wie und worüber sie mit Gott reden sollen, habe ich fünfzig Vorschläge formuliert.« (Aus dem Vorwort)

Betulius Verlag Stuttgart

Verwünscht, verhext, verrückt oder was?
Gibt es dämonisch bedingte Störungen? Was sagen Psychologie und Theologie dazu? Wer kann helfen?
Vorwort von Weihbischof Franzsikus Eisenbach
120 Seiten, kartoniert. ISBN 3-89511-046-9

Die Zahl der durch okkulte und satanische Praktiken ge-
störten Menschen liegt viel höher als bisher angenommen. Der Glaube an die reale Macht und Hilfe Gottes,
dämonische Mächte zu bezwingen, ist weitgehend ab-
handen gekommen. Immer mehr Psychologen und Medi-
ziner öffnen sich jetzt für diesen Bereich. Jörg Müller
packt hier ein heißes Eisen an. Er bietet brauchbare Hil-
fen für ein befreiendes Handeln.

Selbsterkenntnis und Menschenführung
Mit Dieter Strauß
Praktische Anleitungen
144 Seiten, kartoniert. ISBN 3-89511-027-2

Wo liegen die typischen Fehler im privaten und beruf-
lichen Umgang mit unseren Mitmenschen? Wie können
wir uns selber führen, damit wir tägliche Frustrationen
mindern und die Lebensqualität verbessern, ohne uns psychosomatische Störungen einzuhandeln? Dieses Buch er-
schließt Wege zur Selbsterkenntnis, die für eine erfolgreiche Menschenführung wichtig ist, insbesondere auch für
ein bewußtes Führen der eigenen Person. Mit praktischen
Anleitungen und Beispielen ist das Buch für Seelsorger,
Lehrer und Erzieher gedacht, aber auch für Manager und
Chefs und alle, die ihren Umgang mit Menschen positiv
gestalten wollen.

Betulius Verlag Stuttgart

Heilung durch Versöhnung

Mit David Dejori

Modell einer erfolgreichen christlich orientierten Psychotherapie
144 Seiten, kartoniert. ISBN 3-89511-056-6

Wer die heilende Erfahrung der Vergebung und Versöhnung gemacht hat, findet zu einer tragfähigen spirituellen Ausrichtung seines Lebens. Die innere Heilung ist wesentliche Voraussetzung für die äußere Genesung. Jörg Müller stellt die Fragen nach Schuld und Vergebung, nach dem Glauben und dem liebenden Gott in den Mittelpunkt seiner Gespräche und seiner Therapie. Hier berichtet er von Verläufen und Ergebnissen, von Lebensänderungen und Heilungen, die er in seiner Praxis erfahren hat, indem er auf die religiösen Fragen der Ratsuchenden einging.

Er stellt in diesem Buch sein Modell ganzheitlicher, biblisch orientierter Psychotherapie vor, die Heilende Gemeinschaft, eine Betreuung von Menschen in Krisen, die das Vinzenz-Pallotti-Haus in Freising regelmäßig anbietet.

Betulius Verlag Stuttgart